BORGES EN CLAVE DE ELEA

BORGES EN CLAVE DE ELEA

Repercusiones estéticas

Prólogo: Edgardo Gutiérrez

Marcelo Sasso

Sasso, Marcelo. Borges en clave de Elea : repercusiones estéticas / Marcelo Sasso ; prólogo de Edgardo Gutiérrez. 1a ed . Ciudad Autónoma de Buenos Aires : el autor, 2015.
Libro digital, PDF
Archivo Digital: descarga y online
ISBN 9789873394959
1. Filosofía. I. Gutiérrez, Edgardo, prolog. II. Título.
CDD 190

ISBN: 9789873398025

Compaginado desde TeseoPress (www.teseopress.com)

Índice

Comité Editor del Departamento de Filosofía 9
Prólogo 11
    Edgardo Gutiérrez
Agradecimientos 19
Introducción 21

1ª Parte: LA CLAVE 27
Borges en clave de Elea: la imposibilidad del movimiento 29
Las paradojas de Zenón 33
La metáfora de la esfera 41

2ª Parte: REPERCUSIONES ESTÉTICAS 45
La imposibilidad de la acción: una tipología de la busca .. 47
La imposibilidad de la creación en "La Biblioteca de Babel" 73

3ª Parte: OTRA CLAVE, LA MISMA 99
Clave de Baruch Spinoza: La Biblioteca se dice de varias maneras 101
Dios, o sea la Naturaleza 103
El Universo, o sea La Biblioteca 115

4ª Parte: OTRAS REPERCUSIONES ESTÉTICAS (LAS MISMAS) 127

Un intento (imposible) de dinamizar La Biblioteca 129
El jardín de senderos que se bifurcan 131
El jardín, o sea La Biblioteca 135
Per-versiones de Judas 143

Conclusión: LA ESFERA DE BORGES 149

Un "platonismo de individuos" 151
Un átomo desmesurado 159

Bibliografía 165
Anexo 1 169
Anexo 2 171

Comité Editor del Departamento de Filosofía

Alcira Bonilla
Claudia Jáuregui
Claudia Mársico
Verónica Tozzi
Pamela Abellón
Miguel Faigón
Karina Pedace
Agustina Arrarás
Pablo Cassanello Tapia
Alan Kremechutzscky

Prólogo

Vindicación de la quietud

EDGARDO GUTIÉRREZ[1]

La estimación de la obra de Borges como cumbre máxima de la literatura argentina, ya casi unánime luego de las afortunadamente superadas disputas del pasado en las que se subordinaba la virtud literaria a la filiación política del escritor, ha dificultado, si no impedido, un abordaje de esa obra desde la perspectiva filosófica. Que Borges haya sido un incomparable orfebre del lenguaje es algo que nadie pone hoy en discusión. Pero que haya sido lo que usualmente denominamos un filósofo no es una opinión que sea aceptada sin reservas. Poco menos que desestimado por los profesionales del oficio hasta las postrimerías del siglo pasado, el abordaje filosófico de la obra de Borges apenas fue echado de menos hasta entonces. Las razones pueden haber sido múltiples, pero si se miran las cosas teniendo en

---

1. Edgardo Gutiérrez es Doctor en Filosofía. Profesor de Estética (Facultad de Filosofía y Letras. Universidad de Buenos Aires). Profesor de Estética cinematográfica y Crítica de las artes mediáticas (Facultad de Arte. Universidad Nacional del Centro de la Provincia de Buenos Aires). Profesor de Fundamentos Teóricos de la Producción Artística (Departamento de Artes del Movimiento. Universidad Nacional de las Artes). Ha publicado los libros *Borges y los senderos de la filosofía* (Altamira, 2001, reeditado por Las cuarenta, 2009), *Indagaciones estéticas* (Altamira 2004), *Cine y percepción de lo real* (Las cuarenta, 2010) y *Estética pura. Contribución al sistema del materialismo absoluto.* (Tesis de doctorado en http://www.ffyh.unc.edu.ar/editorial/e-books/), como así también numerosos artículos de filosofía, estética y política en libros y revistas académicas especializadas, argentinas y extranjeras. Ha sido conferencista y expositor en numerosos congresos y jornadas de investigación en filosofía, letras y artes. Dirigió el proyecto UBACYT "Aproximaciones a la ontología del cine".

cuenta la influencia que impone la tradición de la cultura oficial, se admitirá que, sea por el poder de las corporaciones intelectuales, sea por la veneración excesiva que se profesa a las disciplinas, la condición de filósofo no fue estimada compatible con la de escritor. Un escritor que trabaje ideas filosóficas se vuelve sospechoso desde un punto de vista literario, igual que desde un punto de vista filosófico se vuelve sospechoso un filósofo que escriba bien[2]. Era lógico, en consecuencia, que el Borges escritor de poesía, de cuentos (de orilleros o de personajes y mundos fantásticos) y aun de ensayos, no hubiera podido ser considerado un filósofo en sentido estricto. Ni siquiera se le podía aplicar la categoría de pensador, categoría que admite en el género, además de a los filósofos que ejercen su labor en la academia o en institutos de investigación, a ensayistas liberales dedicados informalmente al arte de la reflexión. (Estos últimos suelen ser agrupados en la especie de los intelectuales, una categoría difusa que incluye a escritores, artistas, ideólogos y hasta periodistas, no en su condición de cultivadores de su oficio específico sino más bien en cuanto echan a correr opiniones y reflexiones políticas.) Borges no podía ser juzgado como filósofo, en tanto no había creado un sistema; tampoco como pensador, ya que sus reflexiones no pasaban de ser juegos literarios; ni podía ser un intelectual en el sentido habitual del término, ya que no se tomaba muy en serio la política (según se recordará, él mismo solía decirles a sus entrevistadores que, dada su ignorancia en el tema, sus opiniones políticas no debían ser tomadas en cuenta). Borges era nada más que un escritor, y como escritor había que juzgarlo.

---

2. Tomamos prestado, cambiando ligeramente sus términos, el *dictum* de Adorno según el cual, para esa tradición, si alguien que hace ciencia sabe escribir, se vuelve científicamente sospechoso. Adorno, T., *Teoría estética*, Madrid, Taurus, 1971, cap. XII, "Elección del tema. Sujeto artístico. Relación con la ciencia".

Para bien del pensamiento y de la filosofía, la ruptura con ese arraigado prejuicio que ha querido condenar a Borges a no ser más que un hombre de letras, ha comenzado a producirse a partir de las dos últimas décadas. Investigadores de formación filosófica se entregaron felizmente a trabajar la obra de Borges. Y así se fue desarrollando una tarea de indagación que, vista inicialmente como un reduccionismo inadmisible propio de los que pretenden "secar" a la literatura para quedarse con el esqueleto conceptual, devino progresivamente rica creación de ideas. Comenzó a gestarse entonces una incipiente tradición, por demás polémica, que empieza a ver a Borges como un filósofo.

En esa tradición es en la que se enmarca la tesis de Marcelo Sasso que aquí presentamos, cuyo tratamiento de la obra borgeana recorre, con una fluidez discursiva digna del objeto de estudio, algunos de los viejos problemas de los que se ocupó la filosofía desde los lejanos tiempos de los griegos. La lectura de su trabajo, pues, nos permite realizar el tránsito por los intrincados laberintos metafísicos propios del pensar filosófico, sin privarnos de gozar de la lectura. Y así podremos apreciar los mundos abstractos fabricados en la productiva industria de los filósofos conviviendo con los mundos literarios de Borges. El trabajo de Sasso es un portal de entrada que le permite al lector de Borges internarse en un mundo cuyos protagonistas son el universo, el espacio, el tiempo, la eternidad, el movimiento y el reposo, sin dejar de gozar con los hallazgos de estilo que han sido típicos del escritor. Quien conoce la obra de Borges está familiarizado con las singulares palabras características de su prosa, como el adverbio "grandor", como el cardinal "onceno", como el epíteto "elemental" adjetivando la palabra "lluvia", como los verbos "dilacerar", "repechar", "herrumbrar", como la comparación excepcional "mucho más arduo que tejer una cuerda de arena o que amonedar el viento sin cara". Quien conoce la obra de Borges sabe que en ella hay emperadores, espejos, patios, cuchillos, bibliotecas, almacenes, sueños y alfanjes que lo pueblan. Sabe de noches, de tigres, de crepúsculos, de malevos, de jardines; sabe de lunas, de insomnios y de *vikings*. Sabe que hay allí vindicaciones, conjeturas, sentencias, hexámetros. Pero quizá pase por alto que hay en ella encerrada una filosofía (o varias). Las ideas, en el paisaje literario borgeano, se deslizan sin ser lo que son en la escarpada geografía de la filosofía convencional, pues en ésta suele ser necesario elevar la mirada hacia los cielos para encontrarlas, mientras que en aquel recorren la llanura sin destacarse más que los granos de arena, los ríos, los árboles o los caballos. Puede pensarse que esa equiparación tiene que ver con la vocación de Borges por igualar todo aquello que sirva para fabricar literatura, y en ese sentido se dirá que hay un programa decididamente democrático concretado en su obra literaria, pero esa democracia rige también su filosofía.

El eje central alrededor del cual gira la tesis de Sasso es el inveterado problema del movimiento y la quietud, problema tan antiguo como el poema de Parménides y como la doctrina zen, y que sigue en plena vigencia a pesar de los siglos transcurridos. Lo que Sasso intenta demostrar, y demuestra, es que hay en Borges una suerte de desdoblamiento (debate interno lo denomina él) entre el Borges filósofo, que adhiere a la irrefutable convicción filosófica que postula la imposibilidad del movimiento, y por tanto del tiempo (lo que irreparablemente supone para Borges «la fatalidad de haber nacido platónico en lugar de aristotélico»), y el literato Borges, el cuentista Borges, el narrador Borges, es decir «un relator de acciones, de sucesos que ocurren en el tiempo», lo que supone, en contraposición con lo anterior, «querer no ser platónico». La clave de lectura que propone Sasso consiste «en ver los cuentos como intentos (vanos, perdidos de antemano) de refutar la inmovilidad lógica y real del Universo».

El núcleo de la tesis se encuentra en la segunda parte, "Repercusiones estéticas", donde se despliegan los argumentos que establecen la filiación del filósofo Borges, vía

Zenón, con Parménides, y se comentan los cuentos de raíz kafkiana en los que los personajes, por ejemplo, el estudiante protagonista de la novela de Bahadur referida en "El acercamiento a Almotásim" y el mago de "La escritura del dios", fracasan en su busca o en su acción. En efecto, tanto en un caso como en el otro se trata, en el fondo, de modo semejante a lo que ocurre con la perpetua carrera de Aquiles y la tortuga, de relatar la historia de un móvil A que quiere alcanzar, sin suerte, un móvil B. En el primero la novela concluye cuando el estudiante que busca a Almotásim está a punto de encontrarlo. En el segundo, la búsqueda se detiene en el penúltimo paso, cuando el prisionero, al descubrir la sentencia del dios que lo liberará del encierro, se rehúsa a pronunciarla, y decide continuar viviendo en el calabozo. En ambos casos el proceso de búsqueda recae, pues, en el *regreso al infinito*.

Lo que Sasso denomina una variante de este esquema es el caso de un movimiento puramente mental que impulse la búsqueda del objeto. El protagonista, en este caso, se entrega a una quietud corporal, como Jaromir Hladik o el mago de "Las ruinas circulares", que quieren crear, sin ponerse en acción, un libro y un hijo respectivamente. Aquél sólo imagina una novela (*Los enemigos*) sin escribirla «sin gastar un solo gramo de tinta ni requerir el concurso de empresas editoriales»; éste sólo sueña un hijo sin engendrarlo. Sasso sintetiza en estos términos esta variante: «Observamos que cuando el objeto a alcanzar no está completamente dado en la realidad, sino que requiere un componente "creativo", un proceso creador, reaparece la mencionada tesis ontológica basal de la filosofía borgeana: Un hijo soñado, una novela imaginada... Nada parece ser más real que aquello que es posible.»

Otra variante es la que observa Sasso en "La biblioteca de Babel". En esa biblioteca «los libros posibles son reales, no necesitan escribirse, editarse, ni ninguna de esas impurezas.» Como en los casos anteriores, se constata que el héroe borgeano no hace nada, y «se conforma con saber que *hubiera podido hacerlo*.» Basta con eso, con el pensamiento; está demás la acción, en su forma de creación de una entidad que aun no existe, ya que «el concepto de creación debería enmarcarse en el más general concepto de acción.» La potencia tiene el mismo *status* ontológico que el acto, y entonces todo cambio, toda novedad en el mundo, toda innovación es un malentendido, «ya que (en términos borgeanos) su minucioso registro consta en alguno de los infinitos anaqueles de La Biblioteca de Babel.» La acción, pues, es un error; la inacción, una virtud. En "El Golem" se lee: «¿Cómo [...] pude engendrar un hijo/y la inacción dejé, que es la cordura?»

Sasso descubre incluso una variante más del esquema literario-metafísico borgeano: el héroe ya no busca, sino que encuentra, o, dicho en otros términos, el sujeto no busca al objeto sino que es encontrado por éste. Y este don que le es adjudicado al sujeto lo detiene en la acción, lo inmoviliza, lo sumerge en la quietud. Tal es el caso de "Funes, el memorioso" y el del Borges personaje en "El Zahir" y en "El Aleph". Sasso deja entrever que este don insólito aproxima estos personajes a la Inteligencia Divina. Pues la quietud es en algún sentido la eternidad. Borges recuerda en *Historia de la eternidad*, y Sasso lo trae a colación, el pasaje de las *Enéadas* V en el que Plotino conecta la eternidad con la quietud: «la Inteligencia Divina abarca juntamente todas las cosas. El pasado está en su presente así como también el porvenir. *Nada transcurre en ese mundo, en el que persisten todas las cosas, quietas en la felicidad de su condición*». (Destacado de Sasso)

En la tercera parte de la tesis se despliega un tratamiento de la obra de Spinoza en clave borgeana. El *leit motiv* lo toca Sasso ahora en otra clave. Borges imagina al filósofo holandés no menos inmóvil que Jaromir Hladik y el mago de "Las ruinas circulares". En el soneto "Spinoza" escribe: «[E]n el confín del Ghetto [...] un hombre *quieto* [...] está soñando un claro laberinto» (destacado de Sasso). Ese laberinto es Dios o la Naturaleza, Dios que no es intelecto ni voluntad en el sentido del vulgo, que lo imagina a semejanza del hombre, pues Dios «jamás pudo haber querido iniciar operación creativa alguna, ya que entre otras cosas el "querer hacer o crear algo que no se tiene" no es propio de un ser infinito y perfecto.» Spinoza, para Sasso, es un precursor de Borges, pues la Realidad, Dios, el Todo, el Mundo, el Universo, o comoquiera que se llame, es Una, pero a la vez es múltiple, lo que esboza, a juicio del autor de la tesis, un original "platonismo de individuos", un platonismo donde las Formas son individuos. Ese Dios, ese Universo, ese Todo, lo imagina Borges como un laberinto. E imagina al filósofo *quieto* imaginando ese laberinto.

Todo lector de Borges sabe que es recurrente en sus textos la imagen del laberinto. Y esa imagen supone movimiento y quietud, ya que evoca la idea de un espacio (lineal, circular o irregular) en el que algo o alguien (un móvil que busca una salida sin hallarla) se extravía irremediablemente. La pregunta que se puede formular es la siguiente: el que sueña el laberinto ¿está quieto o se mueve? Bachelard contrapone la imagen literaria del laberinto con la de la gruta: «Los sueños de la gruta y los del laberinto se oponen en muchos aspectos. La gruta es reposo. El laberinto nos remite al soñador en movimiento.»[3] Quizá, para responder a la pregunta, haya que salir de la lógica binaria, e imaginar al soñador, al pensador, al filósofo (Spinoza, Borges, Sasso), tan quieto como en movimiento, recluido en la gruta creando el laberinto.

---

3. Bachelard, Gaston, *La tierra y los ensueños de la voluntad*, México, FCE, 2011, p. 21

Agradecimientos

Dra. Claudia Mársico – Departamento de Filosofía (Universidad de Buenos Aires)
Dra. Silvia Schwarzböck – Cátedra de Estética
Dr. Edgardo Gutiérrez

Introducción

> "Esta epístola inútil y palabrera ya existe…"
> ("La Biblioteca de Babel")

Juan Nuño[1] sugiere, basado en la dicotomía que el propio Borges estableciera en la conferencia "Nathaniel Hawthorne" (1949)[2] entre pensamiento imaginativo y pensamiento abstracto, que el escritor argentino sería ubicable en una categoría especial: la de un imaginador de abstracciones. Borges sería, de este modo, el único escritor filosófico, ya que i) ni los escritores (con su imaginación) han logrado más que pinturas de la condición humana, ii) ni los filósofos (con su abstracción) han escrito buenas novelas. Borges, en cambio, es un escritor que aborda "temas verdaderamente metafísicos", como el mundo externo, Dios, la causalidad, las formas universales. Así, "la filosofía de Borges" es una verdadera cosmología, no una mera colección de reflexiones sobre el ser humano. Dicho de otro modo: la literatura de Borges está hecha del material de las abstracciones filosóficas.

En este punto Nuño se atreve a compararlo con Platón: si los textos borgeanos son "la filosofía de Borges", los mitos platónicos son "las ficciones de Platón". El problema central de la obra de ambos pensadores estriba en la separación, oposición y relación entre un mundo inteligible y un mundo sensible. La forma en que expresan esa problemática es literaria, asistemática y fragmentaria.

---

1. NUÑO, Juan. *La filosofía de Borges*, FCE, México, 1986 ("Prólogo")
2. BORGES, Jorge L. *Otras inquisiciones*, Alianza, Buenos Aires, 1998 (en adelante, OI)

Sin embargo no todos los textos borgeanos son filosóficos: parte del *corpus* borgeano es simplemente literario, sin más. Así que ir más allá en la interpretación de este campo de la obra de Borges no sería reconocerlo como un escritor filosófico, sino reducirlo a tal categorización. Ambos Borges, el "filósofo" y el estrictamente literario, tienen en común la característica fundamental de ser "escritores de segunda potencia", escritores de escritores. En muchas ocasiones, esos escritores de "potencia 1" son filósofos y Borges toma sus ideas y *crea* con ellas estructuras narrativas que iluminan con imágenes esos temas filosóficos.

En suma, es legítimo hablar de "la filosofía de Borges" si por ello entendemos los temas que se encuentran en los cuentos, ensayos, y cuentos-ensayos que verifican este modo de apropiamiento borgeano de la filosofía.

Alberto Giordano[3], haciendo referencia al método borgeano de composición de los *Nueve ensayos dantescos*, retoma una intuición de Roland Barthes según la cual la forma ensayo se puede ver como "un registro de las ocasiones en las que un lector, *tocado* de alguna forma por lo que lee, se ve obligado a levantar la cabeza, a apartar la vista del texto que tiene frente a sí para suspenderla en el vacío, dejando a su inteligencia y a su sensibilidad dispuestas para el encuentro con las ideas que ese texto le dio que pensar." Y, haciendo referencia a su propio texto, añade que sin el talento de Borges "pero con el mismo afán de consignar nuestra experiencia de lectores" usará ese mismo método para reunir una serie de notas que se corresponden con una serie de momentos en los cuales los textos borgeanos "nos obligaron a distraernos de la lectura para atender a nuestro deseo de escribir".

---

3. GIORDANO, Alberto. "Borges y la ética del lector inocente (Sobre los *Nueve ensayos dantescos*)", 1, en *Variaciones Borges* N° 4 (1997)

Parejamente, en las páginas que siguen intentaremos registrar algunas de las ocasiones en las que hemos sido *tocados* por el texto borgeano[4].

El principio lógico al que Borges adhiere en "Tlön, Uqbar, Orbis Tertius" II[5] ("Un sistema no es otra cosa que la subordinación de todos los aspectos del universo a uno cualquiera de ellos") es otra parte del método que nos hemos impuesto. De modo que para organizar aquellas *impresiones* (sobre las que se sustenta ese sector de la filosofía que conocemos como empirismo británico), subordinaremos la mayoría de ellas (cualquier mayoría, en tanto todo rol es intercambiable; fatalmente esa mayoría, en tanto escritas por una persona determinada en un tiempo y un lugar determinados) a las restantes.

A punto de dejar de creer en lo que expondremos a continuación (y eso en el con-texto borgeano puede ser fatal, como lo atestiguará Averroes-Borges), nos proponemos escribir sobre lo que entendemos que son ciertas imposibilidades en la obra de Jorge Luis Borges:

1. La clave: La imposibilidad del *movimiento*, a partir del peso que parecen tener las paradojas de Zenón y la metáfora de la esfera en "la filosofía de Borges", tal como se explicitan en sus ensayos de madurez. Estas serán ideas a las que haremos jugar el rol de "premisas" o "claves" del pensamiento borgeano. Ahora bien, más que intentar extraer "teoremas" de esas "premisas", procuraremos seguir algunas repercusiones de una lectura de la obra de Borges en

---

[4]. Tal vez con la inocencia del guerrero Droctulft: "Las guerras lo traen a Ravena y ahí ve algo que no ha visto jamás, o que no ha visto con plenitud. Ve el día y los cipreses y el mármol. Ve un conjunto que es múltiple sin desorden; ve una ciudad, un organismo hecho de estatuas, de templos, de jardines, de habitaciones, de gradas, de jarrones, de capiteles, de espacios regulares y abiertos. Ninguna de esas fábricas (lo sé) lo impresiona por bella; lo tocan como ahora nos tocaría una maquinaria compleja cuyo fin ignoráramos, pero en cuyo diseño se adivinara una inteligencia inmortal." "Historia del guerrero y de la cautiva", en BORGES, Jorge L. *El Aleph*, Alianza, Buenos Aires, 1998 (en adelante, A).

[5]. BORGES, Jorge L. *Ficciones*, Alianza, Buenos Aires, 1998 (en adelante, F)

esta "clave de Elea", postulando que en su obra narrativa de madurez Borges trata, vanamente, con sus cuentos, de atacar, en una suerte de "reducción al absurdo literaria", aquellas premisas filosóficas.

2. Repercusiones estéticas

a) Así, la segunda imposibilidad será la del movimiento humano llamado *acción* (unida a una paradójica dimensión ética insoslayable en el pensamiento borgeano). Aquí acumularemos ejemplos para sustentar una hipótesis de lectura de una parte de su obra narrativa de madurez que haga aparecer a esos cuentos como intentos (imposibles) de "refutación literaria" de las premisas lógico-filosóficas que creemos que Borges sostiene (y que tal vez lleva inscriptas de modo "genético" en su pensamiento filosófico, y por eso le resultan irrefutables).

b) La tercera imposibilidad será articulada a partir del cuento "La Biblioteca de Babel" (F): la imposibilidad de la acción humana llamada *creación*. Al menos según nuestra lectura de dicho cuento, obra a la que le aplicaríamos las palabras que Borges aplica a *El mundo como voluntad y representación*:

> "Es aventurado pensar que una coordinación de palabras (otra cosa no son las filosofías) pueda parecerse mucho al universo. También es aventurado pensar que de esas coordinaciones ilustres, alguna -siquiera de modo *infinitesimal*- no se parezca un poco más que otras. He examinado las que gozan de cierto crédito; me atrevo a asegurar que sólo en la que formuló Schopenhauer [en "La Biblioteca de Babel" diríamos nosotros] he reconocido algún rasgo del universo."[6]

3. Otra clave, la misma: Sin embargo, a pesar de esa devoción schopenhaueriana, creemos que "la filosofía de Borges" se asimila más a la de Spinoza. Desde ya que nos gustaría concretar el proyecto tan deseado y no realizado

---

6. "Avatares de la tortuga", en BORGES, Jorge L. *Discusión*, Emecé, Buenos Aires, 1961 (en adelante, D)

por Borges de escribir un libro sobre el autor de la *Ética demostrada según el orden geométrico*. Desde ya que la vida nos prohíbe esa esperanza[7], por lo que sólo expondremos un breve resumen de ciertos aspectos de la filosofía spinoziana en los cuales encontramos analogías entre el "arduo laberinto" labrado en la *Ética* y la "vasta biblioteca" borgeana.

4. Otras repercusiones estéticas (las mismas): En el mismo sentido analógico, propondremos una lectura de la narración "El jardín de senderos que se bifurcan" (F) como un intento (imposible) de salir de la inmóvil Biblioteca.

Finalmente arriesgaremos un par de paradojas posibles a modo de "conclusión abierta" de los temas que han sido tratados.

---

7. "Avatares de la tortuga", en relación a una proyectada *Biografía del infinito*.

1ª Parte: LA CLAVE

Borges en clave de Elea: la imposibilidad del movimiento

> "[Mi padre] me explicó las paradojas de Zenón: Aquiles y la tortuga, el vuelo inmóvil de la flecha, la imposibilidad del movimiento."[1]

Borges ha observado más de una vez la observación de Coleridge respecto de que "todos los hombres nacen aristotélicos o platónicos"[2]. Postulada esa genética coleridgeanoborgeana, el primero de los momentos de la inevitable disputa entre ambas cosmovisiones que se da en la filosofía occidental es incluso anterior a Aristóteles y Platón. Los antagonistas que la precursan son, en el siglo V a.C, Heráclito y Parménides, y lo hacen sobre todo en lo referido a la cuestión de la posibilidad, o no, del movimiento.

Para el primero, el *logos* de la realidad, su ley fundamental, consiste en un continuo *devenir*. Nos referimos a la concepción (extrema) de la filosofía heraclítea, trasmitida por Platón en el *Cratilo*, según la cual todo pasa, nada subsiste, y que puede ejemplificarse con las aguas siempre fluyentes del famoso río del fragmento 12, imagen que Borges retoma continuamente a lo largo de toda su obra:

> "Para los que entran en los mismos ríos, aguas fluyen otras y otras" (B12DK).

---

1. BORGES, Jorge L. - DI GIOVANNI, Norman T. *Autobiografía 1899 – 1970*, El Ateneo, Buenos Aires, 1999, traducción de Marcial Souto y N. T. di Giovanni.
2. "El ruiseñor de Keats" y "De las alegorías a las novelas" (ambos en OI), "Deutsches requiem" (en A).

Para el segundo, tal *devenir* es imposible. Parménides comienza su poema *Sobre la naturaleza* afirmando la realidad de aquello que es, y que es imposible que no sea, para pasar a argumentar cuáles son sus principales características: el ser es inengendrado e *inmóvil*. Es así en razón de que no puede cambiar, ya que eso implicaría que algo deje de ser, y que algo comience a ser, sucesos racionalmente inexplicables, y por lo tanto, imposibles. Una y la misma cosa es el objeto del pensar y del ser (B3). Podemos deducir que un mundo que no deviene es inmune a una supuesta actividad humana (que además sería imposible en el contexto de esa quietud general).

En el mundo-esfera de Parménides no habría nada que hacer, ya que rige la pura quietud. Tal vez en el mundo-río de Heráclito la humana intervención podría tomar un mayor protagonismo...

¿En cuál lugar se ubicaría Borges en esta secular dicotomía? En los dos[3]. Aunque creemos que el modo en que Borges es aristotélico *y* platónico a la vez no es el mismo. Decimos que el pensamiento de Borges se basa desde el primer libro de sus ensayos de madurez, *Discusión*, en una creencia filosófica profunda en la tesis parmenídea de la inmovilidad, tal como lo atestigua su continuo interés por las aporías eleáticas acerca del movimiento (en particular por la "inmortal" paradoja de Aquiles y la tortuga), y por la metáfora del mundo como una esfera inmóvil (en su principal compendio de ensayos: *Otras inquisiciones*)[4].

¿Dónde está entonces el otro Borges, el que fluye con las aguas del río de Heráclito? Creemos que está en sus cuentos, el género que comenzó a abordar en último término en su biografía literaria, a diferencia de la poesía y la ensayística que lo acompañan desde el comienzo de su

---

3. BORGES, Jorge L. – FERRARI, Osvaldo. *En diálogo I*, Sudamericana, Buenos Aires, 1988 ("Platón y Aristóteles").
4. "La perpetua carrera de Aquiles y la tortuga" y "Avatares de la tortuga" (D). "La esfera de Pascal" y "Pascal" (OI).

destino literario (la poesía hasta el final, la ensayística metamorfoseada en las innumerables conferencias del Borges de vejez, ciego y oral).

La hipótesis de lectura que nos proponemos perseguir en las Partes 1 y 2 consiste en leer algunos de sus cuentos viéndolos como una serie de ataques a la inmortal paradoja por diferentes flancos posibles, como la continua búsqueda de un impulso que lo arroje a un imposible, pero anhelado, movimiento. Como Aquiles, Borges sería un perseguidor incansable de una tortuga inalcanzable. En su caso, de argumentos, de narraciones, de "argumentos narrativos" que nos muestren el dinamismo de que el mundo y el hombre son capaces. Paradójicamente, muchos de sus personajes, y él mismo es uno de ellos, suelen terminar en la más absoluta quietud.

Trataremos, entonces, de recorrer, a lo largo de algunos cuentos, ciertas formas que ha adoptado este intento borgeano de alcanzar el (inalcanzable) movimiento. Primero expondremos los "axiomas parmenídeos" que funcionarían como premisas del pensamiento filosófico borgeano. Y luego rastrearemos algunos de los muchos intentos narrativos de derrumbar esa rigidez eleática, tratando de señalar cómo fracasan, no haciendo más que consolidar la quietud de esa esfera inmóvil que es, a su pesar, el mundo borgeano.

Las paradojas de Zenón

Señalamos que Borges hace suya la observación de Coleridge en cuanto a que "los hombres nacen aristotélicos o platónicos". De algún modo esa sería la primera bifurcación que aparece en el sendero de la filosofía. Uno de los platónicos anteriores a Platón ha sido Parménides. De su escuela, la eleáta, Borges toma una de las piedras basales de su filosofía: las paradojas de Zenón contra el movimiento[1].

El primer ensayo que le dedica en *Discusión* al tema se concentra en la segunda paradoja de Zenón contra el movimiento, a la cual presenta como una "perpetua carrera" entre Aquiles y la tortuga. Desde este punto de vista, podría entenderse que aquello que se perpetúa es el intento de Aquiles por alcanzar a la morosa tortuga. La carrera sería perpetua porque no termina nunca: Aquiles no deja nunca de acercarse a la tortuga, y nunca llega a alcanzarla. Sin duda también lo es porque se repite continuamente en otros innumerables pares: entre cada sujeto que desea y su objeto deseado, entre cada hombre y su propia sombra... Borges brindaría, en ese sentido, constantes ejemplos de esa secular carrera en su producción narrativa.

También es cierto que si nos concentramos estrictamente en la paradoja, tal vez la carrera no es perpetua ni es carrera, ya que ni siquiera llega a empezar. En ese sentido, será útil recurrir a la primera paradoja de Zenón, la de la

---

1. Observa Borges en el "Prólogo" a *La rosa profunda* (Emecé, Buenos Aires, 1975), y también en "Flaubert y su destino ejemplar" (D), que "La doctrina romántica de una Musa que inspira a los poetas fue lo que profesaron los clásicos; la doctrina clásica del poema como una operación de la inteligencia fue enunciada por un romántico, Poe, hacía 1846. El hecho es paradójico." Así también parece ser el hecho de que la tesis heraclítea extrema haya sido trasmitida por Platón y las no menos extremas aporías zenonianas por Aristóteles, en *Física* VI 9 ("Falacias de la indivisibilidad. Refutación de Zenón.")

"dicotomía", según la cual un móvil para llegar a su término debe llegar antes a la mitad del recorrido, y antes a la mitad de la mitad, y así infinitamente, de modo que el móvil finalmente nunca arranca.

Pero Borges comienza por la versión más dinámica de las paradojas contra el movimiento. Si bien "La perpetua carrera de Aquiles y la tortuga" se inicia expresando la hipótesis zenoniana en un sentido fuerte como "El movimiento no existe", y calificando al maestro inspirador de la misma, Parménides, como un "negador de que pudiera suceder algo en el universo", la exposición de la segunda paradoja (en ambos ensayos) es vertiginosa:

> "Aquiles, símbolo de rapidez, tiene que alcanzar la tortuga, símbolo de morosidad. Aquiles corre diez veces más ligero que la tortuga y le da diez metros de ventaja. Aquiles corre esos diez metros, la tortuga corre uno; Aquiles corre ese metro, la tortuga corre un decímetro; Aquiles corre ese decímetro, la tortuga corre un centímetro; Aquiles corre ese centímetro, la tortuga un milímetro; Aquiles el milímetro, la tortuga un décimo de milímetro, y así infinitamente, de modo que Aquiles puede correr para siempre sin alcanzarla."

Tras esa presentación, considera tres posibles refutaciones, o "voluntades de refutación":

i) La primera la ve como "un ejemplo de la falacia de confusión". Lo que se confunde es el significado de la expresión "para siempre", la cual (señala J. S. Mill en su *Sistema de lógica*) en las premisas se refiere a un número infinito de subdivisiones de tiempo (y de espacio), y en la conclusión a una cantidad infinita de tiempo.

Borges objeta que Mill no refuta la paradoja sino que la reexpone: si Aquiles corre a una velocidad de 1 metro por segundo, necesitará 10 segundos para cubrir los 10 metros de ventaja inicial, más 1 segundo para el metro que la tortuga recorrió en aquellos 10 segundos, más 1/10 de segundo para el decímetro que la tortuga recorrió en el segundo en que Aquiles recuperó el metro que la tortuga recorrió en sus 10 segundos iniciales, más 1/100 de segundo para el centímetro que la tortuga recorrió en el décimo de segundo en que Aquiles recuperó el decímetro que la tortuga recorrió en aquel segundo 11 de su seguro trayecto a la victoria...

Finalmente, "el trayecto del héroe será infinito y éste correrá *para siempre*, pero su derrotero se extenuará antes de doce metros, y su eternidad no verá la terminación de doce segundos."

ii) Bergson (en su *Ensayo sobre los datos inmediatos de la conciencia*) también ve una confusión. Esta vez entre la acción de moverse y el espacio que atraviesa ese movimiento. El movimiento es un acto simple e indivisible que ocurre en un tiempo no espacializado: la duración. En cambio, la distancia espacial que un móvil recorre sí es numéricamente divisible: hasta el infinito. Pero Borges no concuerda con la incompatibilidad entre tiempo y espacio que sustenta esa proyectada refutación. Incluso, como veremos, más de una vez utiliza el argumento de Zenón aplicado a la subdivisión del tiempo.

iii) Por último, Russell da una solución matemática ("la única condigna" del problema) al observar que "la operación de contar es (intrínsecamente) la de equiparar dos series". Cuando la cantidad de elementos a contar es infinita, descubrimos que, contra el principio lógico aristotélico que reza que *el todo es mayor que la suma de sus partes*, ahora la parte puede equivaler al todo. Por ejemplo, hay tantos números enteros como números enteros positivos, o, para cualquier lapso de tiempo que se considere, Aquiles ha recorrido tantos puntos del espacio como la tortuga.

William James objeta que el razonamiento de Russell considera la carrera como ya corrida, reduciendo así el problema al de "equilibrar los trayectos". Por otro lado, retrotrae a la versión más "estática" de la paradoja, al observar que no hacen falta dos corredores, sino que alcanza con uno solo, o con el mero transcurrir de un lapso de tiempo, para caer en el drama de intentar "alcanzar una meta cuando un previo intervalo sigue presentándose vuelta a vuelta y obstruyendo el camino".

Así llegamos a la primera paradoja zenoniana, la de la dicotomía, que nos deja ver con más claridad la cara del verdadero enemigo, del "concepto que es el corruptor y el desatinador de los otros": el infinito[2]. En "Avatares de la tortuga" Borges la rescata así:

"El movimiento es imposible (arguye Zenón) pues el móvil debe atravesar el medio para llegar al fin, y antes el medio del medio, y antes el medio del medio del medio, y antes...".

Esta formulación ya al propio Aristóteles le evoca el argumento del tercer hombre contra la teoría platónica de las Ideas, según el cual dado un individuo sensible y temporal, y su Arquetipo inteligible y eterno, debe considerarse una tercera entidad que abarque a ambos, y luego una cuar-

---

2. Apuntamos dos prevenciones acerca de la palabra "infinito" en los ensayos de *Discusión*:"[...] *infinito*, palabra (y después concepto) de zozobra que hemos engendrado con temeridad y que una vez consentida en un pensamiento, estalla y lo mata. (Hay otros escarmientos antiguos contra el comercio de tan alevosa palabra: hay la leyenda china del cetro de los reyes de Liang, que era disminuido en una mitad por cada nuevo rey; el cetro, mutilado por dinastías, persiste aún.)" ("La perpetua carrera de Aquiles y la tortuga")"Hay un concepto que es el corruptor y el desatinador de los otros. No hablo del Mal, cuyo limitado imperio es la ética; hablo del infinito. Yo anhelé compilar alguna vez su móvil historia. La numerosa Hidra (monstruo palustre que viene a ser una prefiguración o un emblema de las progresiones geométricas) daría conveniente horror a su pórtico; la coronarían las sórdidas pesadillas de Kafka y sus capítulos centrales no desconocerían las conjeturas de ese remoto cardenal alemán -Nicolás de Krebs, Nicolás de Cusa- que en la circunferencia vio un polígono de un número infinito de ángulos y dejó escrito que una línea infinita sería una recta, sería un triángulo, sería un círculo y sería una esfera (*De docta ignorantia* I 13)" ("Avatares de la tortuga").

ta que abarque a las tres anteriores, y así infinitamente. De este modo, el platonismo carga con el germen de su autodestrucción un siglo antes que Platón enseñe en Atenas[3].

Tras pasar revista a diversos avatares de este argumento (toda prueba requiere una prueba, toda definición una definición ulterior -y una definición de la misma voz "definición"-, toda explicación una explicación, toda causa una causa previa, todo conocimiento es reconocimiento), Borges concluye que el *"regressus in infinitum* es acaso aplicable a todos los temas"[4].

Por ejemplo, al análisis de la novela de Flaubert *Bouvard et Pécuchet*, o al universo: "[...] el universo es incognoscible, por la suficiente y clara razón de que explicar un hecho es referirlo a otro más general y de que ese proceso no tiene fin" (y si lo tiene, "nos conduce a una verdad ya tan general que no podemos referirla a otra alguna; es decir, explicarla")[5].

También entre los avatares de las premisas de la tesis de John William Dunne sobre el tiempo ("El tiempo y J. W. Dunne") registra la doctrina hindú, compartida por Schopenhauer, acerca de que el autoconocimiento requeriría un alma segunda que conozca la primera, y una tercera para

---

3. "Nota sobre Walt Whitman" (D): "Tanto difieren la razón y la convicción que las más graves objeciones a cualquier doctrina filosófica suelen preexistir en la obra que la proclama. Platón, en el *Parménides*, anticipa el argumento del tercer hombre que le opondrá Aristóteles."
4. Apuntamos otras dos tempranas prevenciones acerca de la palabra "infinito", esta vez en los exonerados ensayos de juventud:"Estoy seguro que voces como *inmortal* o *infinito* no fueron en su comienzo sino casualidades del idioma, abusos del prefijo negativo [...]. Tanto las hemos meditado y enriquecido de conjeturas que ayer necesitamos de una teología para dilucidar la primera, y aún nuestros matemáticos disputan acerca de la segunda." "Acerca de Unamuno, poeta", en BORGES, Jorge L., *Inquisiciones* (1925), Alianza, Madrid, 1998 (en adelante, I)."Sospecho que la palabra *infinito* fue alguna vez una insípida equivalencia de *inacabado*; ahora es una de las perfecciones de Dios en la teología y un discutidero en la metafísica y un énfasis popularizado en las letras y una finísima concepción renovada en las matemáticas [...] y una verdadera intuición al mirar al cielo." "El idioma de los argentinos", en BORGES, Jorge L., *El idioma de los argentinos* (1928), Alianza, Madrid, 1998.
5. Vindicación de *Bouvard et Pécuchet*" (D).

la segunda, etc. Dunne asigna un distinto tiempo para cada nuevo sujeto y concluye que "el tiempo verdadero es el inalcanzable término último de una serie infinita".

También es aplicable, y aplicado, al raro problema de la compatibilización entre i) la creación divina del mundo según el *Génesis* y ii) la existencia de huesos enterrados anteriores a la nada que el relato bíblico supone. La rara solución del zoólogo Philip Henry Gosse que atrae a Borges en "La creación y P. H. Goose", reúne i) el principio racional que a cada efecto asigna una causa regresiva e infinitamente, así como a cada instante de tiempo uno anterior, con ii) el *fiat* divino.

Creemos que la olvidada y monstruosa tesis de Goose también reúne, o acerca, al Borges platónico con el aristotélico. El implacable vindicador de la infinita cadena causal encuentra un resquicio por donde traficar la acción (de Dios en este caso). La sucesión permanente de causas y efectos está dada *desde siempre* y *para siempre*, en forma lógica, potencial. La acción creativa de Dios consiste en develarla, iluminarla, "activarla". Por eso "surge" Adán a los treinta y tres años, con un ostentoso ombligo "aunque ningún cordón umbilical lo ha atado a una madre".

Aunque, en otro sentido, este texto expone también esa desidia borgeana ante el convencimiento de que todas las cosas *ya son*. O sea, la cadena causal de los hechos puede prescindir de su puesta en acto. Dios *crea* a Adán ya con treinta y tres años, pero la idea de Adán en el vientre de su madre *ya existe*, y la idea de sus abuelos…

Al final, Borges destaca una virtud en la tesis de Gosse: "la involuntaria reducción al absurdo de una *creatio ex nihilo*, demostración indirecta de que el universo es eterno (como pensaron el Vedanta y Heráclito, Spinoza y los atomistas…)"[6].

---

6. "El tiempo y J. W. Dunne" y "La creación y P. H. Goose" (ambos en OI).

Situados entre *Discusión* y *Otras inquisiciones*, los ensayos de *Historia de la eternidad* [7] contienen argumentos análogos a los presentados, pero en relación al problema del tiempo, la eternidad y el eterno retorno.

En "Historia de la eternidad" I las eleáticas postergaciones se aplican contra la fluencia del tiempo:

> "Es imposible que en ochocientos años de tiempo transcurra un plazo de catorce minutos, porque antes es obligatorio que hayan pasado siete, y antes de siete, tres minutos y medio, y antes de tres y medio, un minuto y tres cuartos, y así infinitamente, de manera que los catorce minutos nunca se cumplen."[8]

Aquí Borges vuelve a recordar la refutación de Russell, que apela a "la realidad y aun vulgaridad de números infinitos", pero acentúa "que se dan de una vez, por definición, no como término *final* de un proceso enumerativo sin fin". Al aplicarla al uso original zenoniano, destinado a refutar el movimiento en el espacio, el reconocimiento de la solución del filósofo inglés estaba unido al reparo de que suponía la carrera como ya corrida, cuando en verdad, creemos, el drama es que la carrera nunca empieza[9]. En cambio al aplicarla al intento de refutar el tiempo, destaca que "esos guarismos anormales de Russell son un buen anticipo de la eternidad, que tampoco se deja definir por enumeración de sus partes."

Ahora, esa eternidad no es circular. En "La doctrina de los ciclos" I, opone el argumento de Russell contra Zenón al argumento del eterno retorno que supone un universo formado por un número finito de elementos (átomos,

---

7. BORGES, Jorge L., *Historia de la eternidad*, Alianza, Madrid, 1998 (en adelante, HE).
8. Es la quinta forma que adquiere el argumento de Zenón en "Avatares de la tortuga".
9. En "La doctrina de los ciclos" (HE) Borges propone "no concebir tamaños decrecientes" dado que "cada punto *ya* es el final de una infinita subdivisión" (por ejemplo, decimos, el punto de largada de la carrera).

fuerzas, etc.) que, por lo tanto, es capaz de componerse en un "número finito (aunque desmesurado) de permutaciones". Confrontadas con un tiempo infinito, "el número de las permutaciones posibles debe ser alcanzado, y el universo tiene que repetirse." Russell y Cantor disuelven el problema cuando afirman la infinitud de los elementos primitivos del universo, aunque estos se deslizan de *átomos* materiales a *puntos* fantasmales cautelosamente transformados en *términos* en la conclusión:

> "Si el universo consta de un número infinito de términos, es rigurosamente capaz de un número infinito de combinaciones -y la necesidad de un Regreso queda vencida. Queda su mera posibilidad, computable en cero."

La metáfora de la esfera

El otro elemento parmenídeo que constituye la trama conceptual de las premisas filosóficas de Borges (y que involucra también a ese "concepto corruptor y desatinador" de los otros que es el infinito) es la metáfora de la esfera. Anotaremos algunas observaciones sobre otro par de ensayos complementarios, esta vez sobre Pascal y los avatares de la esfera, reunidos en la colección de madurez *Otras inquisiciones*.

En "La esfera de Pascal", la esfera aparece como un estable símbolo de Dios (propuesto por Jenófanes contra el antropomorfismo y politeísmo griegos), para recibir una primera entonación por parte de Parménides como imagen del Ser. En el decurso de la historia se la compara con la reunión de los elementos primordiales del mundo físico (Empédocles, fragmento 28). Luego la teología medieval acuña la fórmula "Dios es una esfera inteligible, cuyo centro está en todas partes y la circunferencia en ninguna" que es leída salomónicamente en el sentido de que "Dios está en cada una de sus criaturas, pero ninguna Lo limita." (Borges lo ejemplifica con la cita de *I Reyes* 8:27: "El cielo, el cielo de los cielos, no te contiene").

Tras consignar la versión astronómica ptolemaica de la metáfora, según la cual ahora la Tierra es una esfera inmóvil rodeada de nueve esferas concéntricas, parece sobrevenir la celebración de la caída de esas ataduras conceptuales con la revolución copernicana. Borges señala que Giordano Bruno expresa su euforia por la liberación del hombre de aquel agobiante sistema escribiendo con exultación que "el universo es todo centro, o que el centro del universo está en todas partes y la circunferencia en ninguna". En la siguiente modulación, las palabras que expresan tanto la penosa atadura como la liberación son casi las mismas (resuena aquí el famoso juego de citas de los párrafos idénticos y diferentes de Cervantes y Pierre Menard sobre la historia).

De inmediato Borges da el último avatar de la metáfora, introduciéndola con palabras perfectamente aplicables a Aquiles:

> "los hombres se sintieron perdidos en el tiempo y en el espacio. En el tiempo, porque si el futuro y el pasado son infinitos, no habrá realmente un cuándo; en el espacio, porque si todo ser equidista de lo infinito y de lo infinitesimal, tampoco habrá un dónde. Nadie está en algún día, en algún lugar; nadie sabe el tamaño de su cara."

En esa desolación culmina el ensayo, cuando Borges se concentra en la tachadura del manuscrito pascaliano del fragmento 72 según el cual parece que la esfera (Dios, el Ser, el mundo físico, el espacio, el universo) "infinita" empezó siendo "espantosa":

> "La naturaleza es una esfera ~~espantosa~~ infinita, cuyo centro está en todas partes y la circunferencia en ninguna".

Sospechamos que en estos ensayos no muy favorables al francés, Borges trata de conjurar su propio espanto ante sus propias convicciones filosóficas. En "Pascal" lo llama "un poeta perdido en el tiempo y en el espacio", señala que la infinitud "que embriagó al romano [Lucrecio] acobarda al francés", y culmina con palabras que podrían insertarse en el cuento "El Aleph":

> "Demócrito pensó que en el infinito se dan mundos iguales, en los que hombres iguales cumplen sin una variación destinos iguales; Pascal (en quien también pudieron influir las antiguas palabras de Anaxágoras de que todo está en cada cosa) incluyó a esos mundos parejos unos adentro de otros, de suerte que no hay átomo en el espacio que no encierre

universos ni universo que no sea también un átomo. Es lógico pensar (aunque no lo dijo) que se vio multiplicado en ellos sin fin."

Creemos que en esas modulaciones clásicas resuena otro miembro del bando platónico en la batalla mental que libra Borges contra sí mismo: Spinoza, curiosamente omitido en estos ensayos. Como trataremos de sugerir en la 3ª Parte: la esfera es el Ser, o sea Dios, o sea la Naturaleza, o sea el Universo, o sea La Biblioteca...

Tal vez intentando despedirse, creemos que sin lograrlo nunca, de ese "glacial" platonismo, comienza la escritura de narraciones.

En el contexto de un análisis literario de *Evaristo Carriego*, Sylvia Molloy señala que "esta primera protoficción de Borges" surge "de la rebelión ante un espacio doblemente –y significativamente- clausurado: `me crié en un jardín, detrás de una verja con lanzas, y en una biblioteca de ilimitados libros ingleses´". De este modo,

> "La perspectiva doble –*la cerrazón del lugar fijo, adentro; la possibilidad de lo móvil, afuera*, que cuestione la clausura- inaugura en *Evaristo Carriego* el vaivén que enmarca la móvil ficción borgeana"[1].

Aunque, claro, no hay *afuera*, no hay *posibilidad de lo móvil*:

> "No habrá nunca una puerta. Estás adentro
> Y el alcázar abarca el universo
> Y no tiene ni anverso ni reverso
> Ni externo muro ni secreto centro."[2]

---

1. MOLLOY, Sylvia. *Las letras de Borges*. Sudamericana, Buenos Aires, 1979, p. 28. El destacado es nuestro.
2. BORGES, Jorge L. *Elogio de la sombra*, Emecé, Buenos Aires, 1996 ("Laberinto")

2ª Parte: REPERCUSIONES ESTÉTICAS

La imposibilidad de la acción: una tipología de la busca

"...la mala medida de lo posible..." ("Sentirse en muerte")

Creemos que una forma que aparece recurrentemente (con diversas entonaciones) en las ficciones borgeanas presenta al protagonista de la acción narrada como un sujeto que intenta iniciar un movimiento (un sujeto que quiere, que desea) para alcanzar un objeto, u objetivo, deseado. Pero ese Aquiles suele no alcanzar los objetivos. Y Borges, en los cuentos, lo hace fracasar de diversas maneras. Y así fracasa él mismo en su intento de derrumbar la inmovilidad de Elea. Creemos que estos "modos de perder" pueden clasificarse tentativamente en:

a) una modalidad dinámica (pero crepuscular): el sujeto se aproxima perpetua e *infinitesimalmente* a lo que busca pero nunca lo alcanza, ya que lo que busca no existe ;

b) una variante que ya incluye estrictamente la quietud: el sujeto detiene su busca (o su busca *se* detiene) en el paso inmediatamente anterior al que le hubiera permitido alcanzar lo que buscaba;

c) el sujeto "alcanza" lo que buscaba, pero renunciando al movimiento, con consecuencias trágicas (y cómicas) ;

d) una variante especular: el sujeto "es alcanzado" por un objeto que "lo busca" a él, y ese don recibido lo inmoviliza.

Al esbozar esta clasificación de los cuentos de Borges se hace patente la verdad de la advertencia de "El idioma analítico de John Wilkins" (OI):

"No hay clasificación del universo que no sea conjetural. La razón es simple: no sabemos qué cosa es el universo."[1]

Los ejemplos que siguen puede que encuadren en las tipologías propuestas (a, b, c, d), puede que en verdad pertenezcan a otras que las que indica la letra, o puede que estén en alguna clase no sugerida. En realidad (como trataremos de esbozar al final de este trabajo) creemos que Borges sostiene un paradójico "platonismo de individuos", por el cual: a) *Nada es clasificable*, ya que no hay clases, sólo individuos (aunque esos individuos puedan ser "genéricos", por ejemplo, la "individual" Idea de Justicia, o de Perro), pero b) *Todo es*, ya que todas esas realidades resultan de una variación combinatoria de ciertos elementos "axiomáticos", como pueden ser las 22 letras, la coma, el punto y el espacio de "La (platónica) Biblioteca de Babel". Claro que estas tesis borgeanas lo hacen recaer constantemente en otro elemento de su filosofía: el panteísmo o, tal vez, el panenteísmo. No hay clases, tal vez porque *sólo hay un individuo*. (En otra hipótesis de lectura se podrían leer algunos de sus cuentos como anhelos de pluralidad en el mundo.)

Volviendo al tema de este capítulo, pasamos revista a algunos ejemplos.

1) Aquiles sin la tortuga

La tesis ontológica basal de la filosofía de Borges reza que

---

1. "El Congreso presuponía un problema de índole filosófica. Planear una asamblea que representara a todos los hombres era como fijar el número exacto de los arquetipos platónicos, enigma que ha atareado durante siglos la perplejidad de los pensadores. [...] sin ir más lejos, don Alejandro Glencoe podía representar a los hacendados, pero también a los orientales y también a los grandes precursores y también a los hombres de barba roja y a los que están sentados en un sillón. Nora Erfjord era noruega. ¿Representaría a las secretarias, a las noruegas o simplemente a todas las mujeres hermosas? ¿Bastaba un ingeniero para representar a todos los ingenieros, incluso los de Nueva Zelandia?" ("El Congreso", en BORGES, Jorge L., *El libro de arena*, Alianza, Madrid, 1998 -en adelante, LA).

"Basta que una cosa sea posible para que exista. Sólo está excluido lo imposible" ("La Biblioteca de Babel").

Las cosas imposibles en la hospitalaria ontología borgeana son infinitas, pero son muchas menos que las posibles... Si fuera posible sostener algo así. O, reformulando, hay muchas menos cosas imposibles en la ontología de Borges que en las ontologías con las que comúnmente nos manejamos en el mundo. O, en palabras de Nuño (o.c., p. 67), Borges "hace algo más que considerar a lo posible como un simple *possibile logicum* y lo trata abiertamente como otro capítulo de su abundante ontología". El "Prólogo" a *El libro de los seres imaginarios* señala que

"El nombre de este libro justificaría la inclusión del príncipe Hamlet, del punto, de la línea, de la superficie, del hipercubo, de todas las palabras genéricas y, tal vez, de cada uno de nosotros y de la divinidad. En suma, casi del universo."[2]

Hacemos referencia a la tesis ontológica en razón de que vemos una primera entonación de esta gran estrategia narrativa borgeana para combatir la inmovilidad parmenídea (la "crepuscularmente dinámica"), en la que el protagonista, que para lograr alcanzar el objeto perseguido realiza los más heroicos esfuerzos, se autoimpone un objetivo por definición imposible, se asegura la derrota buscando "libros que sean escaleras" ("La Biblioteca de Babel").

Pensamos en Pierre Menard[3] y en Averroes-Borges.

Pierre Menard[4] va tras una doble imposibilidad:

---

2. BORGES, Jorge L., *El libro de los seres imaginarios*, Bruguera, Barcelona, 1980.
3. O en su variante: Pierre Menard intenta escribir el Quijote partiendo de *sus propias experiencias*. Hermann Soergel (y antes Daniel Thorpe) no pueden ejecutar ni una línea shakesperiana poseyendo completa *la memoria de Shakespeare*. ("La memoria de Shakespeare", en BORGES, Jorge L., *La memoria de Shakespeare*, Alianza, Madrid, 1998).
4. O también Menard-Borges si consideramos que entre su obra *visible* se encuentra "*Les problemes d'un probleme*" (París, 1917) que discute en orden cronológico las soluciones del problema de Aquiles y la tortuga" ("Pierre Menard, autor del Quijote", en F).

a) ser autor ("el destino que su protagonista se impone es irreal", en el "Prólogo" a *Ficciones*),

b) si fuera posible ser autor, ser autor del Quijote, una obra que ya tiene otro autor ("la empresa era de antemano imposible")[5].

Prudentemente, Menard declara que ha resuelto perder las "etapas intermediarias" de su labor y llegar al libro imposible, como si quisiera desconocer las infinitas mediaciones que hay entre la partida y la llegada:

> "Mi propósito es meramente asombroso. El término final de una demostración teológica o metafísica -el mundo externo, Dios, la causalidad, las formas universales- no es menos anterior y común que mi divulgada novela. La sola diferencia es que los filósofos publican en agradables volúmenes las etapas intermediarias de su labor y que yo he resuelto perderlas."

Con toda lógica supone que "Mi empresa no es difícil, esencialmente. Me bastaría ser inmortal para llevarla a cabo."[6] Su carrera ("interminablemente heroica", "impar") será perpetua, pero porque persigue a una tortuga que no existe, a una tortuga imposible, a una tortuga que es una escalera. Al faltar uno de los corredores que la célebre paradoja postula, la misma ni siquiera puede empezar a ser refutada.

---

5. Sobreinterpretando "El muerto" (A), dejamos constancia de que el *íncipit* del cuento reza: "Que un hombre del suburbio de Buenos Aires, que un triste compadrito sin más virtud que la infatuación del coraje, se interne en los desiertos ecuestres de la frontera del Brasil y llegue a capitán de contrabandistas, *parece de antemano imposible.*" (El destacado es nuestro). El cuento se limita a mostrar que efectivamente *todo es lo que parece* (salvo para el ingenuo Benjamín Otálora).

6. Con toda lógica deductiva, la premisa mayor pudo haberla encontrado en "El inmortal" (A): "En un plazo infinito le ocurren a todo hombre todas las cosas". Aunque hay otras lógicas, la del odio por ejemplo. En el cuento que sigue, los detractores de cierto viajante árabe, "con esa lógica peculiar que da el odio, juraban que nunca había pisado la China y que en los templos de ese país había blasfemado de Alá." ("La busca de Averroes", en A).

En "La busca de Averroes" también hay una doble imposibilidad, o una misma pero ejemplificada en dos personas: Averroes y Borges. a) Averroes intenta comprender a Aristóteles. En particular, el significado de dos términos de la *Poética* ("tragedia" y "comedia") que, por contexto, le está vedado comprender. b) Borges intenta comprender a Averroes.

La imposibilidad es, en definitiva, la de la comunicación entre dos individuos encerrados en mundos propios, durísimos, inconmensurables[7].

Como Aquiles, Averroes tiene delante de la nariz a su tortuga. Pero tras decirse "(sin demasiada fe) que suele estar muy cerca lo que buscamos", lo busca donde no está: en su biblioteca de libros orientales. Mientras, por la ventana lo distrae la visión de unos niños jugando al teatro. Más tarde, un viajero le cuenta que vio en una tierra lejana personas que "Padecían prisiones, y nadie veía la cárcel; cabalgaban, pero no se percibía el caballo; combatían, pero las espadas eran de caña; morían y después estaban de pie." Antes, Borges había reflexionado que "Pocas cosas más bellas y más patéticas registrará la historia que esa consagración de un médico árabe a los pensamientos de un hombre de quien lo separaban catorce siglos".

Lo que sus ojos ven delante de la ventana y el relato de una representación en tierra lejana en el espacio, catorce siglos en el tiempo... Para el invulnerable razonamiento de Zenón son distancias (y dimensiones) exactamente iguales: infinitas e inalcanzables.

---

7. José Töpf ("Borges y el problema del conocer. A propósito de ´La busca de Averroes´", en AA.VV., *Borges y la ciencia*, Eudeba, Buenos Aires, 2004) señala que para redactar esta "historia de un fracaso" Borges ha pensado en diversos "fracasos posibles", o sea, "tareas imposibles": "Pensé, primero, en aquel arzobispo de Canterbury que se propuso demostrar que hay un Dios; luego, en los alquimistas que buscaron la piedra filosofal; luego, en los vanos trisectores del ángulo y rectificadores del círculo."Cfr. también Ilan Stavans (1988), "Borges, Averroes y la imposibilidad del teatro", en *Latin American Theatre Review*, Vol. 22, N° 1, pp. 13-22.

En el final del relato la admisión borgeana de la derrota es aún más explícita y contundente que en "Pierre Menard". Averroes simplemente (o complejamente) desaparece "en el instante en que yo [Borges] dejo de creer en él". Tras ceder ante otro *regressus* ("Sentí, en la última página, que mi narración era un símbolo del hombre que yo fui mientras la escribía y que, para redactar esa narración, yo tuve que ser aquel hombre y que, para ser aquel hombre, yo tuve que redactar esa narración, y así hasta lo infinito"), Aquiles-Borges abandona la busca de la tortuga Averroes[8].

2) Aquiles muere en la víspera

Hay en la variante inicial un movimiento continuo, pero que tiende a cero y se torna una pura agonía. En la variante b) el movimiento "llega" a su punto cero (quietud), anulándose. Pensamos en el estudiante que es el protagonista *visible* de la novela *El acercamiento a Almotásim* y en el mago de "La escritura del dios".

Tras los tumultos en los que el estudiante musulmán "mata (o piensa haber matado)" (ya veremos que para la filosofía de Borges hacer y pensar tal vez sean lo mismo) a un hindú, comienza la huída buscando amparo en una torre en la cual hay un ladrón de cadáveres que le habla con rencor de una mujer. Argumentando que "el rencor de un hombre tan minuciosamente vil importa un elogio", resuelve (sin mayor esperanza) buscarla. Tras innumerables peripecias (que Borges despacha con un "imposible trazar

---

8. Ni siquiera Averroes sabía que "Averroes" iba a ser su nombre. Ya de entrada se esboza una serie de nombres que promete infinitud y que nos permitiría rebautizar al cuento como "La busca de Abulgualid Muhámmad Ibn-Ahmad ibn-Muhámmad, sive ibn-Rushd, sive Benraist, sive Avenryz, sive Aben-Rassad, sive Filius Rosadis, sive Averroes". No sería raro que un escritor encerrado en el contexto cultural de Borges hubiera traducido "Averroes" como "El hijo de Rosas", y lo hubiera relacionado con el Restaurador.

las peripecias de los diecinueve [capítulos] restantes"), "cierra su órbita de leguas y de años" a pasos de la misma torre desde donde había comenzado la búsqueda.

Borges consideraba a "Pierre Menard, autor del Quijote" como su primer texto de ficción, y atribuía su ejecución al accidente que había sufrido en la Nochebuena de 1938, cuando se golpeó la cabeza y se le infectó la herida. Tras una convalecencia plagada de estados febriles, pesadillas y alucinaciones, dice que decidió probarse que podía seguir escribiendo encarando un género literario nuevo para él, el cuento: "[...] si probaba algo que nunca había hecho antes y fracasaba, eso no sería tan malo y quizá hasta me prepararía para la revelación final. Decidí entonces escribir un cuento, y el resultado fue *Pierre Menard, autor del Quijote*" (*Autobiografía*). Sin embargo, eso que "nunca había hecho antes" tiene un precursor: "Al igual que su precursor, *El acercamiento a Almotásim, Pierre Menard* era todavía un paso intermedio entre el ensayo y el verdadero cuento."

Tímidamente escondido ("sepultado") bajo el título general "Dos notas" entre los ensayos de *Historia de la eternidad*, en su primer cuento Borges parece querer relatar la historia de un móvil A que alcanza a un móvil B:

> "El tecnicismo matemático es aplicable: la cargada novela de Bahadur es una progresión ascendente, cuyo término final es el presentido *hombre que se llama Almotásim*."

Parece ir superando los pasos intermedios entre la partida y la llegada:

> "El inmediato antecesor de Almotásim es un librero persa de suma cortesía y felicidad; el que precede a ese librero es un santo... Al cabo de los años, el estudiante llega a una galería [...] El estudiante golpea las manos una y dos veces y pregunta por Almotásim. Una voz de hombre -la increíble

voz de Almotásim- lo insta a pasar. El estudiante descorre la cortina y avanza." Increíblemente, "en ese punto la novela concluye."⁹

Al final, tras deplorar que en una edición posterior la novela decae en alegoría, rescata favorablemente una nueva forma de *regressus*:

> "la conjetura de que también el Todopoderoso está en busca de Alguien, y ese Alguien de Alguien superior (o simplemente imprescindible e igual) y así hasta el Fin -o mejor, el Sinfín- del Tiempo".

Y en la nota al pie de este fundamental "primer cuento" reitera la cita de Plotino que utiliza en "Historia de la eternidad" (1936), acerca de la unidad de las cosas aparentemente plurales, que lo lleva a juzgar como "inmóvil y terrible museo" al mundo inteligible de Platón. En el "Prólogo" de 1974 se arrepiente de haber omitido a Parménides en la historia que va a relatar... Aunque también se arrepiente de haber llamado "inmóviles piezas de museo" a los Arquetipos.

---

9. "Ese cuento [...] prefigura y hasta establece el modelo de los cuentos que de algún modo me esperaban, y sobre los que se asentaría mi fama como narrador" dice en la *Autobiografía*. Si en algún mundo posible Aquiles efectivamente hubiera alcanzado a su perseguida tortuga, y si la trasmisión de esa noticia a nuestro mundo dependiera de Borges, nuestro desdichado héroe se habría detenido en el preciso instante anterior a su meta, justo en ese punto inalcanzable para el relato borgeano: el del éxito. (Surgiría aquí la pregunta por la identidad de un Aquiles vencedor de la perpetua carrera. Y en aquel mundo posible en el cual Borges sí pueda relatar tal triunfo, surgiría también la pregunta por la identidad de un Borges relator de "sucesos" en el sentido inglés de la palabra *success*: *éxito*...).

A la luz de "Kafka y sus precursores"[10] creemos que este cuento está atado a la paradoja que (en la lectura que proponemos) se pretende vencer: El cuarto precursor que *crea* Kafka es el poema *Fears and scruples* (Robert Browning, 1876) en el cual

> "Un hombre tiene, o cree tener, un amigo famoso. Nunca lo ha visto y el hecho es que éste no ha podido, hasta el día de hoy, ayudarlo, pero se cuentan rasgos suyos muy nobles, y circulan cartas auténticas. Hay quien pone en duda los rasgos, y los grafólogos afirman la apocrifidad de las cartas. El hombre, en el último verso, pregunta: ¿Y si este amigo fuera... Dios?".

El primer precursor es

> "la paradoja de Zenón contra el movimiento. Un móvil que está en A (declara Aristóteles) no podrá alcanzar el punto B, porque antes deberá recorrer la mitad del camino entre los dos, y antes, la mitad de la mitad, y antes, la mitad de la mitad de la mitad, y así hasta lo infinito".

El mago de "La escritura del dios" (A) tras su confinamiento en la cárcel describe una actividad *in crescendo*. Comienza por no hacer otra cosa que aguardar el fin en la postura de su muerte. Luego, para "pasar el rato", se pone a recordar todo lo que puede, entrando en posesión de lo que era suyo. El paso siguiente es investigar si entre esos saberes no estará el sentido mismo de la existencia, las palabras de su Dios. Piensa que no deben estar en cosas mudables, considera que "quizá yo mismo fuera el fin de mi busca", y concluye que el mensaje está en la piel del tigre que lo acompaña en su encierro.

---

10. Aunque sin tomarlo demasiado en serio, ya que la tesis que sostiene ese ensayo podría encontrar su parodia en la crítica literaria de Tlön que "elige dos obras disímiles -el Tao Te King y las 1001 Noches, digamos-, las atribuye a un mismo escritor y luego determina con probidad la psicología de ese interesante *homme de lettres*".

En el proceso de búsqueda recae dos veces en el *regreso al infinito*: cuando observa que cualquier palabra puede ser la que busca, ya que la relación causal involucra a todas las cosas hasta llegar al universo. Y cuando se sueña ahogado en arena, y tropezando en su busca de la vigilia con un nuevo sueño por cada grano de arena (los granos son infinitos)[11]. Pero despierta, y en una modulación de la famosa escena de Borges en el sótano de una casa de la calle Garay, ve un "aleph" que esta vez no es una "esfera...de dos o tres centímetros", sino una esfera infinita. Y la describe con la clásica enumeración whitmaniana (vi tal cosa, vi tal otra). Y descubre la sentencia de Dios que lo libraría de la cárcel. Y ya no tan increíblemente, en este anteúltimo paso se detiene, y no pronuncia las palabras que lo liberarían: "por eso dejo que me olviden los días, acostado en la oscuridad".

Destinos similares son los del poeta y el Rey del cuento de vejez "El espejo y la máscara" (LA). El Rey le pide al poeta que cante la última batalla que ha ganado el reino, ya que hasta "las proezas más claras pierden su lustre si no se las amoneda en palabras". Tras un primer poema de escritura impecable, pero que no toca físicamente a nadie, y un segundo poema que "no era una descripción de la batalla, era la batalla", el poeta vuelve con una sola línea que sólo se atreve a pronunciar ante el Rey y nadie más.

"Del poeta sabemos que se dio muerte al salir del palacio; del Rey, que es un mendigo que recorre los caminos de Irlanda, que fue su reino, y que no ha repetido nunca el poema."[12]

---

11. "La balada del Pocho Martínez" (Leo Masliah, *Cansiones barias*, Ayuí, Montevideo, 1979) canta la historia de un hombre que básicamente soñaba, en forma y en contenido: soñaba que soñaba, infinitamente. Cuando decide desandar esa "vida" en sueños, ya es tan viejo que despierta muerto, cayendo en "el sueño definitivo".
12. Ver también el destino de Paracelso en "La rosa de Paracelso" (*La memoria de Shakespeare*).

3) Luz, cámara... inacción

En esta variante Borges ya se resigna a que el movimiento que impulse la búsqueda de su objeto sea puramente mental, o espiritual, abandonando por fin el movimiento físico al cual se refieren las paradojas de Zenón. La quietud corporal se apodera del protagonista. Pensamos en Jaromir Hladík y en el mago de "Las ruinas circulares". Ambos buscan *crear*: un libro, un hijo. Ninguno pone "manos a la obra" para tan elevado propósito. Uno se queda paralizado, el otro duerme. Sus actividades mentales, en cambio, siguen funcionando, ya sea en el pensamiento o en el sueño. Mediante ese quieto movimiento de la mente creen conseguir el objetivo.

Para alcanzar la tortuga (el hijo), Aquiles (el mago) no se mueve, sólo sueña: "durmió, no por flaqueza de la carne sino por determinación de la voluntad [...] su cuerpo consagrado a la única tarea de dormir y soñar". Borges señala que "el propósito que lo guiaba no era imposible, aunque sí sobrenatural". Creemos (con Borges y contra Borges) que "sobrenatural" es sinónimo de "imposible", ya que no hay nada por fuera de esa infinita esfera que es la naturaleza. Las consecuencias son trágicas: el mago se descubre irreal, una sombra, como su proyectado hijo. No hay Aquiles. No hay tortuga. La paradoja no puede ni empezar a refutarse.

Hladík comienza a abocarse en serio a la realización de su poema *Los enemigos* en el preciso instante en que "el universo físico se detuvo". Y así, "minucioso, inmóvil, secreto, urdió en el tiempo su alto laberinto invisible". Cuando finaliza, desaparece (junto con su obra, que sólo estaba en su mente) en el momento exacto en que cree haberla realizado. El punto final coincide con el momento en que "la cuádruple descarga lo derribó"[13].

---

13. Aunque claro que la obra *Los enemigos* de Hladík ya estaba registrada, y lo seguirá estando para siempre, en La Biblioteca. Donde también ya estaba y siempre estará el relato del proceso por cual Hladík se ilusionó con haberla creado: el cuento de Borges "El milagro secreto". Respecto al "Epígrafe" del

Recordando ese futuro cuento, Borges ensaya en "La supersticiosa ética del lector" (D) que

> "Ahora quiero acordarme del porvenir y no del pasado. Ya se practica la lectura en silencio, síntoma venturoso. Ya hay lector callado de versos. De esa capacidad sigilosa a una escritura puramente ideográfica -directa comunicación de experiencias, no de sonidos- hay una distancia incansable, pero siempre menos dilatada que el porvenir".

Hladík logra acortar unos pasos esa "distancia incansable": ni siquiera comunica (o "sólo" comunica a Dios).

Observamos que cuando el objeto a alcanzar no está completamente dado en la realidad, sino que requiere un componente "creativo", un proceso creador, reaparece la mencionada tesis ontológica basal de la filosofía borgeana: Un hijo soñado, una novela imaginada... Nada parece ser más real que aquello que es posible.

Claro que para auto-convencerse de esa tesis hay que ser un cobarde. Un cobarde se conforma con saber que le era posible que la mujer amada lo ame. Cobardemente, jamás pasará a la acción. Se dirá a sí mismo (mintiéndose) que la acción y el movimiento son imposibles. "Dará por hecho" todo aquello que, aun no siendo, es posible que sea. Así Jaromir Hladík, que juzgaba a los demás por sus obras y a sí mismo por sus proyectos: "medía las virtudes de los otros por lo ejecutado por ellos y pedía que los otros lo midieran por lo que vislumbraba o planeaba".

---

cuento, El Corán reza:"Y Dios lo hizo morir durante 100 años. Y luego lo animó y le dijo:-¿Cuánto tiempo has estado aquí?-Un día o parte de un día -respondió."Nietzsche reza parecido cuando es citado en "La doctrina de los ciclos" (HE): "Si te figuras una larga paz antes de renacer; te juro que piensas mal. Entre el último instante de la conciencia y el primer resplandor de una vida nueva hay *ningún tiempo* -el plazo dura lo que un rayo, aunque no basten a medirlo billones de años. Si falta un yo, la infinitud puede equivaler a la sucesión."

Aquí aparece otro elemento basal de la filosofía borgeana, tomado de su adorado Schopenhauer: la voluntad (cuyo análisis excede los límites de este trabajo). Borges cree en la voluntad[14]. No en un sentido mágico, por ejemplo al vulgar modo de la "literatura" de autoayuda contemporánea, según la cual todo lo podremos lograr *simplemente* si así lo deseamos. Tal vez en ese adverbio esté la diferencia de profundidad con el voluntarismo borgeano: todo lo podremos lograr, *complejamente*, si así lo deseamos. (Por supuesto, también el sujeto deseante no seremos nosotros, sino una Voluntad general, lo cual complica aún más las cosas).

Claro que esta excesiva confianza en la voluntad (el excesivo tamaño de su esperanza) parece anularla en tanto la aleja insalvablemente del concepto de acción.

El mejor ejemplo de la dicotomía voluntad / acción está en "Las ruinas circulares", donde la voluntad de procrear un hijo es realizada con un mínimo nivel de acción física, corporal: a través de la acción (o de la inacción) del sueño. El cuento de vejez "Guayaquil"[15] presenta una situación similar, pero elevando un poco el nivel de actividad: el historiador Eduardo Zimmermann impone su voluntad por sobre la de su colega *simplemente*... imponiéndola.

Borges parece sentir que la expresión de la voluntad, en lugar de habilitar el comienzo del movimiento voluntario llamado "acción", la inhibe. Como si lo que pudiera venir después de la voluntad fueran sólo momentos de

---

14. Señalamos acá otra de las ideas que gusta retomar de Samuel Coleridge, la voluntaria suspensión de la incredulidad (*willing suspension of disbelief*), que le sirve para explicar desde la fe poética ("El arte narrativo y la magia", en D) hasta el peronismo ("L'illusion comique", en *Borges en Sur*, Emecé, Buenos Aires, 1999). También el insensatamente ingenioso plan del infame Ebenezer Bogle de hacer pasar al impostor inverosímil Tom Castro (gordo, pecoso, enrulado, y atontado), por el difunto Roger Tichborne (esbelto, moreno, lacio, y perspicaz) se basa en la "voluntad de reconocerlo" que manifiesta su apenada madre, Lady Tichborne, aún en ese "perfecto disímil" ("El impostor inverosímil Tom Castro", en BORGES, Jorge L. *Historia Universal de la Infamia*, Alianza, Madrid, 1998, en adelante HUI).
15. BORGES, Jorge L., *El informe de Brodie*, Alianza, Madrid, 1998 (en adelante, IB)

degradación respecto de ella, meras ejecuciones de actos físicos. Parejamente, veremos que en Babel los libros posibles son reales, no necesitan escribirse, editarse, ni ninguna de esas impurezas. El héroe borgeano nunca hace nada. Se conforma con saber que *hubiera podido hacerlo*. En ese paso previo al comienzo de la acción es donde Borges se detiene[16]. No importa hacerlo, importa saber que es posible hacerlo. No importa realizar el acto, sino saberse su potencial ejecutor. Ahora bien, todo hombre es potencial ejecutor de cualquier acto posible. Y potencial equivale a real en alguna ramificación del tiempo (del tiempo infinitamente bifurcado). Todo está hecho... por todos.

4) Aquiles no busca, encuentra

En una variante especular, el sujeto ya no busca sino que encuentra, o tal vez es encontrado por el objeto. Pero este don no es gratuito, ya que ante su posesión se inmoviliza. Pensamos en "Funes, el memorioso", en el Borges protagonista de "El Zahir", y en el de "El Aleph" (todos en *El Aleph*).

Ireneo Funes se encuentra con el don de una memoria personal incontaminada de olvido. El precio es quedar paralítico:

> "no se movía del catre [...] Dos veces lo vi atrás de la reja, que burdamente recalcaba su condición de eterno prisionero: una, inmóvil, con los ojos cerrados; otra, inmóvil también,

---

16. Una anécdota (verdadera, o verosímil, es lo mismo) al respecto: Borges le obsequia a Estela Canto el manuscrito original del cuento "El Aleph". Su amada le responde que cuando él se muera ese papel va a valer mucho dinero. Borges le dice que si él fuera un hombre, ahora se dirigiría al baño y se escucharía un disparo. O sea, Borges ni siquiera se toma la molestia de levantarse de la silla, "simplemente" se "da por suicidado" (CANTO, Estela. *Borges a contraluz*, Espasa Calpe, Madrid, 1999).

absorto en la contemplación de un oloroso gajo de santonina... Razonó (sintió) que la inmovilidad era un precio mínimo."

Aparentemente antiplatónico, por ser "incapaz de ideas generales", en verdad creemos que Funes era profundamente parmenídeo (o sea zenoniano, o sea platónico en el paradójico sentido individual mencionado -y prometido- al comienzo de este capítulo) dado que si recordaba al perro visto a las tres y catorce como distinto del de las tres y cuarto, cabe suponer que también recordaba al de las 3 hs 14′ 30″, y al de las 3 hs 14′ 15″, y al de las 3 hs 14′ 7,5″...

Ese platonismo paradojal está más explícito en el sistema de numeración que inventa y utiliza Funes:

"Su primer estímulo, creo, fue el desagrado de que los treinta y tres orientales requieran dos signos y tres palabras, en lugar de una sola palabra y un solo signo. Aplicó luego ese disparatado principio a los otros números. En lugar de siete mil trece, decía (por ejemplo) *Máximo Pérez*; en lugar de siete mil catorce, *El Ferrocarril*; otros números eran *Luis Melián Lafinur, Olimar, azufre, los bastos, la ballena, el gas, la caldera, Napoleón, Agustín de Vedia*. En lugar de quinientos, decía *nueve*. Cada palabra tenía un signo particular, una especie de marca; las últimas eran muy complicadas... Yo traté de explicarle que esa rapsodia de voces inconexas era precisamente lo contrario de un sistema de numeración. Le dije que decir 365 era decir tres centenas, seis decenas, cinco unidades: análisis que no existe en los "números" *El Negro Timoteo* o *manta de carne*. Funes no entendió o no quiso entenderme."[17]

No pudo entenderlo, creemos, ya que la facultad del entendimiento sin duda está imposibilitada por la incapacidad de abstraer de que adolece Funes.

---

17. "Teóricamente, el número de sistemas de numeración es ilimitado. El más complejo (para uso de las divinidades y de los ángeles) registraría un número infinito de símbolos, uno para cada número entero; el más simple sólo requiere dos. Cero se escribe 0, uno 1, dos 10, tres 11, cuatro 100, cinco 101, seis 110, siete 111, ocho 1000..." "El idioma analítico de John Wilkins" (OI)

Edgardo Gutiérrez[18] sostiene que "Funes el memorioso" es la hipérbole del empirismo inglés, ya que, por ejemplo, un día había rememorado todos los sucesos de un día entero, lo cual le había llevado... un día entero, en el cual sus ideas "eran idénticas a las impresiones percibidas la primera vez". Creemos que esa facultad, la memoria perfectamente continua de este compadrito de Fray Bentos, podría acercarlo a ser un curioso "platónico empirista". Es cierto que dado un conjunto de individuos, no puede abstraer notas generales a partir de ellos, conceptualizar. Pero también es cierto que si "la naturaleza no conoce ninguna forma ni concepto, ni tampoco conoce ningún género, pues la contraposición entre individuo y género es antropomórfica y no procede de la esencia de las cosas", tampoco lo necesita, y se convierte por ejemplo en el único hombre (o superhombre) capaz de eludir la falacia del diccionario perfecto, reiterada profusamente por Borges en las palabras de Chesterton:

> "El hombre sabe que hay en el alma tintes más desconcertantes, más innumerables y más anónimos que los colores de una selva otoñal... Cree, sin embargo, que esos tintes, en todas sus fusiones y conversiones, son representables con precisión por un mecanismo arbitrario de gruñidos y de chillidos. Cree que del interior de un bolsista salen realmente ruidos que significan todos los misterios de la memoria y todas las agonías del anhelo"[19].

Con similar idiotismo, Ramón Bonavena[20] se propone cifrar en su novela hiper-realista *Nor-noroeste* "un sector limitado" de la realidad (el rincón nor-noroeste de su

---

18. GUTIÉRREZ, Edgardo. *Borges y los senderos de la filosofía*, Altamira, Buenos Aires, 2001 (pp. 51-53).
19. En "Nataniel Hawthorne", "El idioma analítico de John Wilkins", y "De las alegorías a las novelas" (todos en OI).
20. "Una tarde con Ramón Bonavena", en BORGES, Jorge L. - BIOY CASARES, Adolfo. *Crónicas de Bustos Domecq*, Losada, Buenos Aires, 1963 (en adelante, CBD).

escritorio), nuevamente tan saturado de objetos, y de posibles descripciones, como lo está cualquier intervalo por pequeño que sea. Cuando erróneamente (al fin y al cabo creemos que no más que una parodia de Funes -como César Paladión lo es de Pierre Menard, según propondremos más adelante-) Bonavena siente que se han agotado las posibilidades literarias que le ofrece ese ángulo nor-noroeste del escritorio, recurre a un joven repartidor de pan para que, como un *deus ex machina*, agregue o modifique objetos a la mesa. Bonavena des-califica al joven como "falto", o sea, tonto, limitado...

Jorge Luis Borges se encuentra con el Zahir, o sea con la memoria de un solo objeto. El cuento comienza fluidamente, describiendo los actos de la vida de Teodelina Villar y los de su enamorado Borges al asistir al velorio de ella. Pero en el momento crucial en que recibe el zahir retoma varios de los tópicos "platónicos": comienza alejándose del almacén donde recibe la moneda (el Zahir) sólo para volver circularmente a él, luego cavila que "nada hay menos material que el dinero", y tras intentar vanamente deshacerse de su *idea fija* comprende que su destino será físicamente como el de Funes ("Tendrán que alimentarme y vestirme"), pero con un único recuerdo: el del Zahir, al que se figura visualmente como una esfera, al que ve lógicamente como un eslabón de la infinita serie de causas y efectos que constituye la historia universal, y al que equipara finalmente con el universo:

> "Según la doctrina idealista, los verbos vivir y soñar son rigurosamente sinónimos; de miles de apariencias pasaré a una... Otros soñarán que estoy loco y yo con el Zahir. Cuando todos los hombres de la tierra piensen, día y noche, en el Zahir, ¿cuál será un sueño y cual una realidad, la tierra o el Zahir?"[21].

---

21. Extrañamente, Nuño piensa que "El Zahir" no es un cuento filosófico (o.c., p. 12). Aunque no es improbable que esta interpretación que esbozamos sea fruto de la "significosis" que denuncia Barthes y reitera Gutiérrez (o.c., p. 25).

Una resonancia "monetaria": Tlön es aquel mundo posible que, si fuera real, anularía las paradojas de Zenón. Si el universo es "una serie de procesos mentales que no se desenvuelven en el espacio", la paradoja de Aquiles se torna mortal. Y sin embargo... es reemplazada por "el sofisma de las nueve monedas de cobre, cuyo renombre escandaloso equivale en Tlön al de las aporías eleáticas". Borges finaliza sus dos monografías sobre la paradoja marcando el camino de su posible caducidad:

> "Zenón es incontestable, salvo que confesemos la idealidad del espacio y del tiempo..." ("La perpetua carrera de Aquiles y la tortuga")
>
> "Según [Schopenhauer] el mundo es una fábrica de la voluntad [...] Admitamos lo que todos los idealistas admiten: el carácter alucinatorio del mundo. Hagamos lo que ningún idealista ha hecho: busquemos irrealidades que confirmen ese carácter. Las hallaremos, creo, en las antinomias de Kant y en la dialéctica de Zenón." ("Avatares de la tortuga")

Borges se encuentra con el Aleph[22], una memoria universal, de un solo objeto pero que los contiene a todos, incluso a sí mismo. El dueño de tal prodigio, su enemigo Carlos Argentino Daneri, tras convidarlo con un coñac le advierte sobre las condiciones para verlo en el sótano donde está: el decúbito dorsal, la oscuridad, la *inmovilidad*. Luego de creer que se había dejado envenenar y soterrar por un

---

En palabras de Otto Dietrich zur Linde: "no hay cosa en el mundo que no sea germen de un Infierno posible; un rostro, una palabra, una brújula, un aviso de cigarrillos, podrían enloquecer a una persona, si ésta no lograra olvidarlos. ¿No estaría loco un hombre que continuamente se figurara el mapa de Hungría?" ("Deutsches requiem", en A).

22. "Su aplicación al disco [sic] de mi historia no parece casual. Para la Cábala, esa letra significa el En Soph, la ilimitada y pura divinidad; también se dijo que tiene la forma de un hombre que señala el cielo y la tierra, para indicar que el mundo inferior es el espejo y es el mapa del superior; para la Mengenlehre es el símbolo de los números transfinitos, en los que el todo no es mayor que alguna de las partes."

loco, ve el Aleph, y realiza la famosa descripción según la cual se trata de una esfera de dos o tres centímetros, pero a la vez del tamaño del cosmos. Y luego, la famosa y afiebrada enumeración que quiere salvar el problema central de describir un conjunto infinito[23]. En este caso resuelve de un modo tan expeditivo que recuerda a "La busca de Averroes" (pero sin tragedia): *simplemente (complejamente)* le niega a Daneri haberlo visto.

Salvo en Funes, en estos casos de dones terribles recibidos, el protagonista, que no ha hecho nada para recibirlos, se deshace o intenta deshacerse de ellos. (Como también ocurre en los cuentos de vejez "El libro de arena", "Tigres azules" y "La memoria de Shakespeare", donde el protagonista logra desprenderse del don recibido: la memoria en la forma de un libro infinito o de una memoria personal ajena, y ciertas piedras o discos que, como el libro de arena, se resisten a la enumeración.) Es el precio que paga para continuar viviendo aunque sea una vida ilusoria.

---

23. Aunque nos apartemos de la argumentación, queremos anotar una sutil interpretación de Guillermo Martínez ("Rescate de unas cartas obscenas, "Clarín", 22-08-1999) sobre el momento central del cuento. Cuando Daneri le permite a Borges bajar a ver el Aleph le dice: "Baja, muy en breve podrás entablar un diálogo con todas las imágenes de Beatriz". Luego viene la enumeración de algunas de las infinitas imágenes contenidas en el Aleph. Martínez propone que esa enumeración no es aleatoria, que converge a un punto, "a la única imagen que es realmente imprevista dentro de la historia, y que hiere por igual al narrador y al lector": "las cartas obscenas, increíbles, precisas, que Beatriz había dirigido a Carlos Argentino". Es la venganza de Daneri: mostrarle el Aleph para que vea "la imagen más temida de Beatriz". Martínez señala que otro escritor las hubiera escondido en un escritorio, pero Borges prefirió sepultarlas en el universo.En "La muralla y los libros" (OI), Borges se manifiesta emocionado por dos vastas operaciones realizadas por el Emperador Shih Huang Ti, cuya madre había sido desterrada por libertina: la construcción de la muralla china, la quema de todos los libros del Imperio. Sobre esa destrucción contempla que "Shih Huang Ti, tal vez, quiso abolir todo el pasado para abolir un solo recuerdo: la infamia de su madre. (No de otra suerte un rey, en Judea, hizo matar a todos los niños para matar a uno)".

5) Y sin embargo, cuando hay acción...

... cuando se vuelve difícil negar que hay acción, cuando la acción se concreta, Borges la irrealiza, la revierte, o la ridiculiza (en un procedimiento similar a la auto-anulación de "La busca de Averroes" o la auto-refutación de la nota al pie de "La biblioteca de Babel", que veremos más adelante).

En el cuento policial "La muerte y la brújula" (F) hay acción. Pero en el último párrafo, Borges autodestruye la acción narrada. Y el arma de esa destrucción es el clásico puñal borgeano: la paradoja de Aquiles y la tortuga.

Sucede cuando el detective Erik Lönrrot tras *buscar y encontrar* el lugar dónde ocurrirá el cuarto y último crimen de la periódica serie iniciada con el "sacrificio" del cabalista Marcelo Yarmolinsky, descubre una circunstancia que lo involucra más profundamente en el último asesinato: él mismo será la víctima[24]. El razonador Lönrrot comprende que ya no podrá esquivar a su asesino en esta vida, pero intenta burlarlo para el próximo avatar en que Red Scharlach se encuentre a punto de matarlo. Le dice:

> "En su laberinto sobran tres líneas [...]. Yo sé de un laberinto griego que es una línea única, recta. En esa línea se han perdido tantos filósofos que bien puede perderse un mero detective. Scharlach, cuando en otro avatar usted me dé caza, *finja (o cometa)* un crimen en A, luego un segundo crimen en B, a 8 kilómetros de A, luego un tercer crimen en C, a 4 kilómetros de A y de B, a mitad de camino entre los dos. Aguárdeme después en D, a 2 kilómetros de A y de C, de nuevo a mitad de camino. Máteme en D, como ahora va a matarme en Triste-le-Roy." (El destacado es nuestro: destacamos las recurrentes indistinciones borgeanas entre posible y real. Un crimen, fingido o cometido, es un crimen.)

---

24. Una de esas circunstancias laterales que señala "Emma Zunz" (A). Es meramente circunstancial perder o quitar la vida, comparado con descubrir o tramar "secretas morfologías".

Aquí el profundo Lönnrot no sólo es aniquilado físicamente por su enemigo Scharlach, sino también intelectualmente por el comisario Treviranus, quien se limita a interpretar las cosas superficialmente. *Todo es lo que parece* para ese increíblemente eficaz policía intuitivo: el crimen de Yarmolinsky, que le parecía azaroso, lo era; el de Gryphius-Ginzberg-Ginsburg, que le parecía simulado, lo era. A su vez, el malogrado Yarmolinsky es un aliado metodológico de Lönnrot, quien, como el cabalista, se empeña en buscarle "tres pies al gato" como si todo tuviera sentido. No hay en su detectivesca mente intersticios de sinsentido.

Leyendo este relato en los términos de esa batalla interna entre los dos Borges que planteamos desde el comienzo: El cuentista, el relator de acciones, el aristotélico Borges, vence a la razonadora tortuga Lönrrot. Pero el platónico Borges acude en su auxilio con un "manotazo de ahogado": Lönrrot vencerá en otro "avatar", ya que es claro que llegados al punto D del laberinto griego, la dilación continuará y Lönrrot vivirá (aunque sólo sea para postergar infinitamente su muerte)[25].

Anticipando alguna conclusión paradojal que explicitaremos (modulada) en la Parte 4: Lo superficial vence a lo profundo. O tal vez, lo superficial *es* profundo, o sólo hay superficies sin profundidad, y deberíamos llamar

---

25. La idea es similar a la cuarta forma que adquiere el argumento de Zenón en "Avatares de la tortuga", según el cual Lewis Carroll "Refiere un diálogo sin fin, cuyos interlocutores son Aquiles y la tortuga. Alcanzado ya el término de su interminable carrera, los dos atletas conversan apaciblemente de geometría. Estudian este claro razonamiento: a) Dos cosas iguales a una tercera son iguales entre sí, b) Los dos lados de este triángulo son iguales a MN. c) Los dos lados de este triángulo son iguales entre sí. La tortuga acepta las premisas a y b, pero niega que justifiquen la conclusión. Logra que Aquiles interpole una proposición hipotética: a) Dos cosas iguales a una tercera son iguales entre sí, b) Los dos lados de este triángulo son iguales a MN c) Si a y b son válidas, z es válida. z) Los dos lados de este triángulo son iguales entre sí. Hecha esa breve aclaración, la tortuga acepta la validez de a, b y c, pero no de z. Aquiles, indignado, interpola: d) Si a, b y c son válidas, z es válida. Carroll observa que la paradoja del griego comporta una infinita serie de distancias que disminuyen y que en la propuesta por él crecen las distancias."

"profundo" a aquello que, superficialmente, se nos aparece como tal. O sea, lo profundo sería un modo de lo superficial, sin preeminencia (lógica, veritativa, o de cualquier clase) respecto de aquella liviandad. Si convenimos en tomar como profundo aquel razonamiento que muestre una determinada eficacia (para resolver un crimen por ejemplo), habrá que considerar (contra lo que parece) que razonar que el crimen de Yamolinsky fue obra del azar de un asesino que se confundió de habitación, es mucho más "intelectual" que ubicar ese hecho en la larga cadena de las "supersticiones" judías.

Hablando de supersticiones, en "La otra muerte" (A) también hay acción (batallas, muertes heroicas, deserciones cobardes). La clave para ello es suscribir a la tesis teológica que hiperboliza la omnipotencia divina. Sólo así se puede sostener que "en 1946, por obra de una larga *pasión*, Pedro Damián murió en la derrota de Masoller, que ocurrió entre el invierno y la primavera de 1904." (El destacado es nuestro)

Presentamos un último caso con "La lotería en Babilonia" (F).

El *íncipit* de este cuento ("Como todos los hombres de Babilonia, he sido procónsul; como todos, esclavo") podría cumplir esa misma función en "El inmortal", ya que se sigue lógicamente de aquella proposición que mencionamos en la nota al pié número 6: "En un plazo infinito le ocurren a todo hombre todas las cosas".

La lotería en Babilonia comenzó siendo como las de Buenos Aires, donde compramos por unas monedas un papelito que, si es agraciado por el azar, hará aparecer (¿cómo en Tlön?) un número mayor de monedas. Luego, un escrúpulo moral lleva a la Compañía a insertar suertes adversas (multas). Después, un "escrúpulo inmoral" lleva a que nadie quiera abonar las multas, y que surjan castigos carcelarios por tal falta. La rebelión ante la Compañía hizo que todos prefirieran la cárcel a las multas, que pronto dejaron de ser una opción. También dejó de ser una opción única el premio pecuniario para transformarse en una silva de varia premiación. Otro escrúpulo, igualitario, lleva a que todos puedan acceder a la misma cantidad de apuestas. Lógicamente, dejaron de venderse billetes, y la Lotería pasó a ser "secreta, gratuita y general": "todo hombre libre automáticamente participaba en los sorteos sagrados". Siguiendo la lógica, el azar pasó a intervenir "en todas las etapas del sorteo y no en una sola. ¿No es irrisorio que el azar dicte la muerte de alguien y que las circunstancias de esa muerte -la reserva, la publicidad, el plazo de una hora o de un siglo- no estén sujetas al azar?"

De nuevo, el Borges cuentista, narrador de vertiginosas acciones, cede ante la razonadora tortuga que lo habita. Con un procedimiento que retomaremos en la Parte 3 en relación a Spinoza, Borges exacerba la coherencia lógica del relato para terminar auto-refutándolo. La estocada final la dará, ya podemos adivinarlo (o apostar que así será), el argumento de Zenón:

> "Imaginemos un primer sorteo, que dicta la muerte de un hombre. Para su cumplimiento se procede a otro sorteo, que propone (digamos) nueve ejecutores posibles. De esos ejecutores, cuatro pueden iniciar un tercer sorteo que dirá el nombre del verdugo, dos pueden reemplazar la orden adversa por una orden feliz (el encuentro de un tesoro, digamos), otro exacerbará la muerte (es decir la hará infame o la enriquecerá de torturas), otros pueden negarse a cumplirla... Tal es el esquema simbólico. En la realidad *el número de sorteos es infinito*. Ninguna decisión es final, todas se ramifican en otras. Los ignorantes suponen que infinitos sorteos requieren un tiempo infinito; en realidad basta que el tiempo sea infinitamente subdivisible, como lo enseña la famosa parábola del Certamen con la Tortuga".

Dicho de otra forma: *En cualquier segmento infinitamente subdivisible de tiempo le ocurren a todo hombre todas las cosas*, pero a velocidades tan desmesuradas que la acción terminará por colapsar, para, una vez más, postergarse *para siempre*[26].

Hemos propuesto hasta aquí una lectura de la obra borgeana que partió de la postulación de un debate interno en Borges entre: a) una convicción filosófica respecto de las tesis parmenídeas contra el movimiento, o, dicho de modo más débil, un convencimiento respecto de que dichas tesis no son refutables, o, más débilmente aún, la fatalidad de haber nacido platónico en lugar de aristotélico, y b) el hecho de ser un literato, un cuentista, o sea, un relator de acciones, de sucesos que ocurren en el tiempo. O sea, de querer no ser platónico. La clave de lectura consistió en ver los cuentos como intentos (vanos, perdidos de antemano) de refutar la inmovilidad lógica y real del Universo.

A continuación expondremos, sin más, al Universo (que Borges llama La Biblioteca).

...Anulando todo lo anterior, notamos que Borges comienza el ensayo sobre la segunda paradoja contra el movimiento calificándola de "joya". Y que uno de los significados de "joya" es "facilidad suma de traslación"... "Sobre el *Vathek* de William Beckford" (OI) destaca un ilustre infierno en el cual no suceden cosas infernales sino que es infernal en sí mismo. Pareja y fallidamente, como conteniendo en sí el germen de su autodestrucción, la paradoja contra el movimiento sería ella misma un móvil. Finalmente, como todo es tan inútil como "un infinito juego de azares", o tiene la única utilidad de hacernos pasar el breve tiempo que nos

---

26. Como en la desmesurada refutación de aquella "voluntad de refutación" de J. S. Mill: "Esa disolución metódica, esa ilimitada caída en precipicios cada vez más minúsculos, no es realmente hostil al problema: es imaginárselo bien. No olvidemos tampoco de atestiguar que los corredores decrecen no sólo por la disminución visual de la perspectiva, sino por la disminución admirable a que los obliga la ocupación de sitios microscópicos."

queda entretenidos en algo placentero, podemos o debemos seguir otro consejo de "Tlön": "Los [libros] de naturaleza filosófica invariablemente contienen la tesis y la antítesis, el riguroso pro y el contra de una doctrina. Un libro que no encierra su contralibro es considerado incompleto." Por eso creemos, con Borges, que: *A través de las latitudes y de las épocas, los dos antagonistas inmortales cambian de dialecto y de nombre: uno es Parménides, Platón, Spinoza, Kant, Francis Bradley, **Borges**; el otro Heráclito, Aristóteles, Locke, Hume, William James, **Borges**...*

La imposibilidad de la creación en "La Biblioteca de Babel"

> "Visiblemente, nadie espera descubrir nada" ("La Biblioteca de Babel")

El cuento de Jorge Luis Borges "La Biblioteca de Babel" (1941) presenta, a nuestro juicio, la demostración filosófica de una tesis que podría formularse como "La creación no es posible". En este sentido, tal vez sería más apropiado ubicarlo en el género de ensayo filosófico que en el de cuento o ficción literaria[1]. El objeto de estudio de este cuento-ensayo sería la actividad denominada "creación". Esa actividad consiste, tal como se la entiende comúnmente, en la voluntaria introducción en la realidad de alguna novedad que antes de dicho acto creativo no existía. En este sentido, el concepto de creación debería enmarcarse en el más general concepto de acción. Ambos, a su vez, dependerán de una teoría acerca del movimiento que podría partir de definiciones como las siguientes: si el movimiento es la "ocupación de sitios distintos en instantes distintos" ("Prólogo" a *Historia de la eternidad*), la acción será aquella especie de movimiento caracterizada por provenir de la decisión voluntaria de un agente libre. Y la creación será aquella acción que intente y consiga agregar alguna nueva entidad al mundo[2].

---

[1]. Tal vez el título correcto de la colección que contiene el cuento a analizar, *Ficciones*, debió haber sido *Realidades*. Borges finaliza su pretendida "Nueva refutación del tiempo" (OI) resignándose a aceptar que "el mundo, desgraciadamente es real; yo, desgraciadamente, soy Borges".

[2]. Aclaramos que aquí no seguiremos la concepción clásica que distingue, en el campo del "hacer" humano, el ámbito de un "hacer ético" (en el sentido de la noción clásica de *praxis* como acción moral) y el ámbito de un "hacer productivo" (en el sentido de *poiesis* como producción de un objeto). En nuestra

Creemos que la filosofía de Borges destruye minuciosamente el sentido común de la mayoría los términos que quieren sustentar las definiciones esbozadas: movimiento, acción, voluntad, libertad, creación. Nos concentraremos aquí en esta última.

Suelen considerarse dos tipos de sujetos como capaces de ejecutar la acción creativa: Dios y los hombres. Así, tendríamos una creación divina y una creación humana.

Dentro del contexto cultural y religioso en el que estamos inmersos, el del judeo-cristianismo, la creación divina opera a partir de la nada. El concepto de *creatio ex nihilo* resume la curiosa operación según la cual el material de la mayor obra creativa jamás realizada es la nada. Parece inevitable que, para semejante prodigio, el Creador deba poseer, como uno de sus atributos, la omnipotencia. En nuestra opinión, Borges demuestra que ni aún así podremos evitar señalarle a la divinidad su más absoluta impotencia respecto a la actividad creativa analizada. A lo sumo, como se verá más adelante, "Dios" podrá ser el nombre del conjunto de la totalidad de lo que es posible que exista (un sinónimo de "Universo", o "Biblioteca").

Respecto de la creación humana, nadie se atreve a afirmar que procede de la nada. Sin embargo parece confundírsela, tal como se aplica el término comúnmente, con otro tipo de acción: la denominada "descubrimiento", en la cual el objeto producido preexiste al acto productor del sujeto, que simplemente se limita a develarlo, a iluminarlo de la zona sombría en la que se encontraba existiendo. O, a lo sumo, lo que podría hacer el agente humano sería

---

lectura borgeana creemos ver en la creación una especie de la acción, de un modo en que ambas (la acción en general y la acción específicamente creativa) se vuelven permeables por igual tanto a juicios de tipo ético como estético, como intentaremos mostrar. Aunque en un sentido más oscuro, el análisis del texto que abordaremos en el presente capítulo nos lleve a sospechar que la acción y la creación (como especie de acción productiva) son impermeables a cualquier clase de valoración (tanto ética como estética).

combinar una serie de materiales dotándolos de una "nueva" configuración, novedad que lo autorizaría a atribuirse su paternidad.

En ocasiones, a estas "creaciones humanas" (no menos extrañas que las supuestas "creaciones divinas") también les puede ser añadido un juicio de valor estético, que, en el marco de cierta indiferencia en cuanto a los valores éticos y estéticos que parece sostener Borges, puede ser indistintamente la belleza o la monstruosidad (tema que excede los límites de este trabajo)[3].

Sin embargo, creemos que Borges refuta esta concepción materialista de la creación, al demostrar cómo todas las configuraciones posibles que surgen de la materia primordial de una cosa creada (el cuento-ensayo analiza el campo de la creación artística llamado *literatura*) *ya existen*

---

3. A modo de ejemplo, respecto de nuestro carácter no menos monstruoso que, digamos, una biblioteca total o un libro de arena: "...comprendí que el libro era monstruoso. De nada me sirvió considerar que no menos monstruoso era yo, que lo percibía con ojos y lo palpaba con diez dedos con uñas" ("El libro de arena"), o "dos ojos, dos manos, dos pulmones, son tan monstruosos como dos caras" ("La muerte y la brújula"). También el desenlace de "El Golem" (en BORGES, Jorge L. *El otro, el mismo*, Emecé, Buenos Aires, 1996), en el que Dios mira a su rabino con la misma pena con que éste a su Golem. (Haciendo un recorrido en sentido contrario, con nuestro Dios no como punto de partida, sino de llegada, en "Una vindicación del falso Basílides" (D), Borges presenta una cosmogonía según la cual el nuestro es un Dios subalterno cuya "fracción de divinidad tiende a cero".)La igualdad en cuanto a lo despreciable del ser humano reaparece en su argumento contra el antisemitismo: "Varias razones hay para que yo no sea un antisemita; la principal es ésta: la diferencia entre judíos y no judíos me parece en general, insignificante; a veces, ilusoria o imperceptible", y cita "la sabia declaración de Mark Twain: Yo no pregunto de qué raza es un hombre; basta que sea un ser humano; nadie puede ser nada peor" ("Dos libros", en OI).El acento hay que ponerlo en la indiferencia. Respecto de los valores estéticos, por ejemplo: "Hacia el año treinta creía, bajo el influjo de Macedonio Fernández, que la belleza es privilegio de unos pocos autores; ahora sé que es común y que está acechándonos en las casuales páginas del mediocre o en un diálogo callejero. Así, mi desconocimiento de las letras malayas o húngaras es total, pero estoy seguro de que si el tiempo me deparara la ocasión de su estudio, encontraría en ellas todos los alimentos que requiere el espíritu" ("Sobre los clásicos", en OI). También Herbert Quain, a quien "Le parecía que la buena literatura es harto común y que apenas hay diálogo callejero que no lo logre" ("Examen de la obra de Herbert Quain", en F).

simbólicamente, *ya son* en tanto posibilidad, modo de existencia que es tan real como aquel modo material sobre el cual un ser humano cree poseer un derecho que le otorga la autoría sobre cierto objeto por él "creado". Esta refutación borgeana es válida para cualquier clase de artificio, ya que, dados los elementos básicos, atómicos, de los que parte el supuesto artífice, está dada también la totalidad de sus posibles combinaciones, *a priori* de la actividad del sujeto[4].

Más aún, como intentamos sugerir en las páginas anteriores, la posibilidad de realizar cualquier clase de acción es rechazada por la filosofía borgeana como lo atestigua su devoción por el argumento eleático que refuta el movimiento. O, al menos, como señala Nuño, que muestra que la tesis contraria, discretista, que postula el movimiento, lleva a absurdos, lo cual debería hacernos considerar seriamente la hipótesis de un universo que sea "un todo homogéneo, un perfecto *continuum* inmutable" (o.c., p. 78, nota al pie 1).

En resumen, no sólo la actividad entendida en sentido restringido (creativo), sino toda actividad humana, en tanto se la entienda como introduciendo un cambio, una *novedad*

---

4. A modo de anticipo de algunos temas que abordaremos a continuación, rescatamos algunos momentos de un breve artículo publicado en la Revista "El Hogar" el 15 de octubre de 1937: "La máquina de pensar de Raimundo Lulio".Lo primero que menciona es que "la máquina de pensar no funciona", aunque lo considera un hecho secundario dado que "tampoco funcionan las teorías metafísicas y teológicas que suelen declarar quiénes somos y qué cosa es el mundo". Luego, tras señalar que siempre ignoraremos el origen de la máquina, menciona un antecedente de la misma: "un esquema o diagrama de los atributos de Dios", cuyo centro es la letra A (que significa el Señor) y en la circunferencia algunos de sus puntos son B (la bondad), C (la grandeza), D (la eternidad)... K es la gloria. "Cada una de esas nueve letras equidista del centro y está unida a todas las otras [...] Lo primero quiere decir que todos los atributos son inherentes; lo segundo, que se articulan entre sí de tal modo que no es heterodoxo afirmar que la gloria es eterna, que la eternidad es gloriosa, que el poder es verídico, glorioso, bueno [...], o bondadosamente grande, grandemente eterno [...], etcétera, etcétera." Las combinaciones que maquinalmente presenta ese "diagrama inmóvil", finaliza, "son incapaces de engendrar una revelación apreciable", aunque carguemos la máquina con otros términos (los de la filosofía por ejemplo). Al pasar a la máquina de Lulio se rectifica respecto de que "la máquina de pensar no funciona": "funciona abrumadoramente", y agrega que muchos vieron en ese mecanismo "la segura revelación de todos los arcanos del mundo".

en el mundo, está, por eso mismo, malentendida, ya que (en términos borgeanos) su minucioso registro consta en alguno de los infinitos anaqueles de La Biblioteca de Babel.

1) Las formas

El cuento comienza con una descripción arquitectónica de "El Universo (que otros llaman la Biblioteca)", el cual "se compone de un número indefinido, y tal vez infinito, de galerías hexagonales". Percibimos una resonancia en este Universo sive Biblioteca, del "Deus sive natura" de su admirado Spinoza. En las Partes 3 y 4 plantearemos la hipótesis de una larga cadena de sinonimias, donde "el Universo o la Biblioteca" no *es* otra cosa que "Dios o la naturaleza o la sustancia spinoziana o el jardín de senderos que se bifurcan", que no *son* en definitiva, más que todas las cosas posibles (o reales, es lo mismo). Tal vez podría reescribirse el comienzo del cuento diciendo: *La Biblioteca (que Spinoza llama la Naturaleza) se compone de un número infinito de atributos...* Una de las expresiones poéticas de esta plenitud onto-lógica que Borges sostiene como premisa metafísica está en el poema "Everness" (*El otro, el mismo*. El destacado es nuestro):

"Sólo una cosa no hay, es el olvido.
   Dios, que salva el metal, salva la escoria
   Y cifra en su profética memoria
   Las lunas que serán y las que han sido. *Ya todo está.*"

Claudio Salpeter, en el artículo "La matemática Biblioteca de Babel", observa que "es dable suponer que estos hexágonos son regulares, es decir, tienen todos sus lados y sus ángulos iguales", y que existen sólo tres clases de polígonos regulares capaces de cubrir geométricamente todo un plano sin dejar "huecos": los triángulos equiláteros, los cuadrados y los hexágonos regulares[5]. Ya de entrada Borges nos permite intuir espacialmente la Biblioteca como un lugar sin espacios vacíos, un lugar donde rige la plenitud y la nada no existe. Más adelante veremos que el contenido que llena este formal espacio libresco tampoco deja un lugar a la nada, a manos de la plena realización simbólica de las posibilidades combinatorias de sus elementos básicos: los 25 símbolos ortográficos.

En este sentido, ese espacio divino que es la Biblioteca recuerda a aquel otro infierno que fascinó a Borges, el Alcázar del Fuego Subterráneo, por ser no meramente un lugar donde ocurren hechos atroces, sino por ser *él* mismo un lugar atroz ("Sobre el *Vathek* de William Beckford"). Parejamente, la Biblioteca no sólo contiene un *plenum* (la totalidad de los libros posibles), sino que *ella* misma es una plenitud que no admite novedades: no hay espacios vacíos donde "construir" nuevas galerías, ni hexagonales ni de otra clase.

Luego de una descripción de las galerías, Borges concluye la "introducción arquitectónica" resumiendo que "la Biblioteca es una esfera cuyo centro cabal es cualquier hexágono, cuya circunferencia es inaccesible". Nuevamente la metáfora de la esfera, historiada en "La esfera de Pascal" como imagen de Dios. Allí señala que esto es así porque, parafraseando a Platón (*Timeo*), "La esfera es la figura más perfecta y más uniforme, porque todos los puntos de la superficie equidistan del centro", y no casualmente cita a Hermes Trismegisto, el dios de los gnósticos, y observa, "saliendo" del tema de la esfera, que aquel "había dictado un número variable de libros en cuyas páginas estaban escritas

---

5. El mismo Salpeter acota que las abejas construyen sus panales con esta forma geométrica. Ana María Barrenechea finaliza su nota sobre "Una ficción de Jorge Luis Borges" (en *La expresión de la irrealidad en la obra de Jorge Luis Borges, y otros ensayos*, Ediciones del Cifrado, Buenos Aires, 2003) señalando una "poética y burlona" alusión a Virgilio: *Dulcia linquimus arva* (dulce hexágono natal). Así titula también Borges un evocativo poema de juventud dedicado a sus abuelos (en *Luna de enfrente*).

todas las cosas". Nuño señala en Borges "de nuevo la ilusión de la completitud teórica del posible saber encerrado para siempre en el *Corpus Hermeticum*" (o.c., p. 44, nota al pie 4).

Guillermo Martínez[6] aclara que mientras "circunferencia" se dice de un círculo, el concepto que corresponde a la esfera es "superficie". Sin embargo rescata el uso libre de "circunferencia" por razones literarias (p. 40). Del mismo modo, la forma hexagonal de los anaqueles nos evoca la circunferencia, y al mismo tiempo permite alojar los libros rectangulares. Igual, Borges no se priva de postular una visión mística: "una cámara circular con un gran libro circular de lomo continuo que da toda la vuelta de las paredes [...] ese libro cíclico es Dios". Martínez también observa que, vista en un sentido dinámico, esta concepción del universo es la que sostiene la física contemporánea: "una esferita de magnitud infinitesimal y masa infinitamente concentrada que en algún momento, en el *Big Bang*, se expandió en todas direcciones" (p. 29). En esta clase de *objetos recursivos*, predilectos de la filosofía borgeana, donde "la parte [...] no es menos copiosa que el todo" ("La doctrina de los ciclos"), la nada no tiene lugar, y por lo tanto no lo tiene tampoco la creación. Dos ejemplos de objetos recursivos da Martínez (p. 19): El Aleph y el ser humano, una de cuyas células permite reproducir, al menos biológicamente, a la totalidad.

A continuación Borges expone la "lógica" de la Biblioteca. Comienza enunciando sus dos axiomas:
"El primero: La Biblioteca existe *ab aeterno.*"
De lo cual se sigue "la eternidad futura del mundo".
"El segundo: *El número de símbolos ortográficos es veinticinco.*"
Ellos son 22 letras, la coma, el punto y el espacio.
Respecto del primer axioma, creemos que cuando Borges señala que el universo "sólo puede ser obra de un dios", usa en forma confusa el verbo "obrar", ya que un objeto

---

6. MARTÍNEZ, Guillermo. *Borges y la matemática*, Eudeba, Buenos Aires, 2003

eterno no puede ser obra de nadie, ni siquiera de un dios. Pensamos que se expresa de esa manera intentando fortalecer la oposición entre la imponente Biblioteca y los "imperfectos bibliotecarios". Como se verá más adelante, la Biblioteca no necesita de ningún ser humano, sus libros no están escritos por nadie, nadie va a consultarlos, y hasta la función de bibliotecario, en boca de uno de los cuales Borges pone el relato, carece de sentido en semejante lugar. En realidad, repetimos una vez más, la Biblioteca es la suma de las posibilidades combinatorias de los símbolos ortográficos, combinaciones que no necesitan ser escritas materialmente para existir. Ni siquiera necesitan ser pensadas por un ser humano.

Para ver esto, y para explicar "la naturaleza informe y caótica de casi todos los libros" (habría que sacar el "casi", como se verá), hay que llegar al azaroso momento capital de la "historia" de la Biblioteca en el que, de entre el fárrago de libros confusos, se descubrió uno que contenía "nociones de análisis combinatorio, ilustradas por ejemplos de variaciones con repetición ilimitada". En el artículo citado, Salpeter explica que

> "la Combinatoria es una parte de la Matemática que se encarga de las técnicas de conteo. Suele describírsela como el arte de contar sin enumerar. Por ejemplo, supongamos que queremos hacer una tira de 3 casilleros utilizando sólo las letras A y B. Las posibilidades son: AAA, AAB, ABA, ABB, BAA, BAB, BBA, BBB. Es decir, 8 formas. Esto puede verse así: en el primer casillero pueden ir A ó B; por cada una de estas dos posibilidades, en el segundo casillero pueden ir A ó B; y por cada una de estas dos últimas posibilidades pueden ir en el tercer casillero A ó B. Es decir, tenemos $2.2.2 = 2^3 = 8$. En general, si tenemos una tira de n casilleros y podemos utilizar m letras, la cantidad total de posibilidades es: m^n. Estos grupos de elementos (en el ejemplo, tiras de letras) se denominan variaciones con repetición. Se llaman con repetición porque cada elemento puede intervenir varias veces en cada agrupación."

En un artículo dos años anterior al cuento-ensayo analizado, "La Biblioteca Total" (1939), compilado en *Borges en Sur*, Borges reconoce a Kurd Lasswitz como el primer expositor de esta imaginación en su cuento "La Biblioteca Universal" (1901). Allí, el autor alemán propone esta idea que fascinaría a Borges: que mediante la mecánica variación con repetición de 25 símbolos ortográficos (el número es arbitrario, importa el mecanismo[7], Lasswitz propone volúmenes con un millón de caracteres) se abarcaría "todo lo que es dable expresar: en todas las lenguas".

Lasswitz señala entre las dificultades que tendría un ser humano para manejarse con este *corpus*, la siguiente:

"Digamos que tomamos un primer volumen de la Biblioteca Universal. Su primera página está vacía, y también lo están la segunda, la tercera y las demás quinientas páginas. Éste es el volumen en el que el ′espaciado′ ha sido repetido un millón de veces... Pero tomemos el segundo volumen. También está vacío, hasta que en la página quinientos, línea cuarenta, al final, hay una solitaria ′a′ minúscula. Lo mismo ocurre en el tercer volumen, pero la ′a′ ha adelantado un lugar. Y a partir de ahí la ′a′ va avanzando lentamente, lugar a lugar, a través del primer millón de volúmenes, hasta que alcanza el primer espacio de la página uno, línea uno, del primer volumen del segundo millón. Las cosas continúan de esta manera durante el primer centenar de millones de volúmenes, hasta que cada uno de los cien caracteres ha efectuado su solitario viaje desde el último al primer lugar de la línea de libros. Luego lo mismo ocurre con la ′aa′, o con cualquier combinación de otros dos caracteres. Y un volumen puede contener un millón de puntos, y otro un millón de interrogantes."

---

7. "...el solo idioma infinito -el de las matemáticas- se basta con una docena de signos para no dejarse distanciar por número alguno. Es decir, el diccionario algorítmico de una página -con los guarismos, las rayitas, las crucecitas- es, virtualmente, el más acaudalado de cuantos hay. La numerosidad de representaciones es lo que importa, no la de signos." ("El idioma de los argentinos")

De los axiomas, del libro descubierto, y del hecho de que no haya dos libros iguales en toda la Biblioteca, se descubrió su ley fundamental, que

> "la Biblioteca es total y que sus anaqueles registran todas las posibles combinaciones de los veintitantos símbolos ortográficos (número, aunque vastísimo, no infinito) o sea todo lo que es dable expresar: en todos los idiomas."

Creemos que aquí está la clave de la demostración de la imposibilidad de la creación, tanto divina como humana, en cualquiera de sus variantes, y aún más, del género del cual la creación es una especie: la acción.

Todo aquello que tiene la posibilidad de ser, directamente *es*, sin necesidad de agentes que realicen el (aristotélico) paso[8]. La potencia tiene el mismo status ontológico que el acto ("...basta que un libro sea posible para que exista. Sólo está excluido lo imposible").

La materialidad del acto, en su aparente oposición a la "logicidad" de la potencia, no implica la inexistencia de la cosa potencial, ni una existencia inferior que la de la misma cosa en su versión actual. En realidad, no hay una sola posibilidad que no esté actualizada. Dados los elementos básicos del sistema, está dado todo lo que de ellos pueda extraerse. Es válida aquí la comparación con un sistema axiomático, donde claramente los teoremas que de los axiomas se derivan no son el producto de una facultad humana creativa, sino que existen *ab aeterno* aunque nadie (humano o divino) los formule.

Esta realidad (la única realidad) es sin duda oscura, estéril, agobiante. Son interesantes en este sentido las descripciones de opresión espacial tanto al interior de los gabinetes (la altura de los gabinetes, que excede *apenas* la de un bibliotecario normal) como al exterior (las barandas

---

[8]. Otro antecedente filosófico que se podría rastrear para este texto borgeano es el concepto acuñado por Nicolás de Cusa en el s. XV: "possest", "la posibilidad que es" (cf. *De possest*, Cuadernos de Anuario filosófico, Pamplona, 1992).

bajísimas en los pozos de ventilación, por donde la caída es infinita). El mismo vértigo provoca el descubrimiento del "hecho capital de la historia": que todos los libros *ya* están escritos, que el arte no es más que una combinatoria de elementos para la cual la actividad del ser humano es innecesaria.

Hipótesis arriesgada: elucubrar un asesinato equivale a cometerlo[9]. Curiosamente, en un universo regido por la legalidad metafísica de Babel, las cárceles estarían repletas de asesinos, no cabría nadie más en ellas. Tampoco en Babel entran más libros.

Menos sangrientamente (aunque se trata del último *acto* antes de un fusilamiento), en "El milagro secreto" vimos que Jaromir Hladík concluye la tragedia *Los enemigos* sin gastar un solo gramo de tinta ni requerir el concurso de empresas editoriales[10], y, lo que es más importante, sin esperar el juicio valorativo, el reconocimiento del otro (del imposible "otro" en el marco del panteísmo borgeano). Si fuera posible hacer algo, "pensar un libro" sería equivalente a "escribir un libro". No es necesario salir de sí mismo para ser un (imposible) artista, ya que

a) no hay otro: para la filosofía de Borges, la gloria es despreciable, el cuento "La Biblioteca de Babel" es una "epístola inútil y palabrera" que ya existe en algún anaquel,

---

9. "Ya que el deseo no es menos culpable que el acto, los justos pueden entregarse sin riesgo al ejercicio de la más desaforada lujuria." "La Secta de los Treinta" ("una herejía posible" la juzga el "Epílogo" a *El libro de arena*)

10. Sin "multiplicar hasta el vértigo textos innecesarios" ("Utopía de un hombre que está cansado", en LA). Corrigiendo a Borges con sus propias medicinas: Los textos son absolutamente necesarios, tanto como inútiles. Lo innecesario sería multiplicarlos, imprimirlos (tal vez no tanto, como veremos). Este hombre cansado, cuando aún era joven se ilusionaba en el epígrafe a *Discusión*, el libro que contiene los principales textos borgeanos sobre la mortal paradoja zenoniana, con un "hacer", y aún con un "rehacer", y con un *terminus ad quem*, un punto final, una llegada para una carrera literaria: imprimir ("Esto es lo malo de no hacer imprimir las obras: que se va la vida en rehacerlas").

b) si lo hubiera, no podría juzgar sobre el estatuto artístico de lo obrado: la audición de una composición musical no completa a la obra, la creación es imposible también en el modo de la escucha, es imposible la comunicación de los supuestos sentidos que el autor ha inventado ("Tú, que me lees, ¿estás seguro de entender mi lenguaje?").

Para finalizar la hipótesis con el mismo riesgo con que empezó: "Concebir" un hijo equivale, como la etimología del verbo lo indica, a "conceptualizarlo"[11].

Retomando: los escasos hombres de la Biblioteca sintieron al principio felicidad, ya que creyeron ingenuamente que la Biblioteca justificaba el universo e incluso la vida de cada uno de los seres humanos. "Vindicaciones" llama Borges a estas justificaciones particulares. Respecto de "los misterios básicos de la humanidad" es interesante observar que estos no son otros que los dos axiomas de la Biblioteca: "el origen de la Biblioteca [Axioma 2] y del tiempo [Axioma 1]".

Una observación sobre el tiempo: muchas concepciones del tiempo suelen oponerlo a la eternidad, y aunar a ese par otra pareja conceptual: movimiento / quietud. Sin embargo, "la eternidad es una imagen hecha con sustancia de tiempo" ("Historia de la eternidad"), lo que marca una subordinación de la eternidad respecto del tiempo. Que en la Biblioteca el movimiento sea inexistente no implica que el tiempo también lo sea. Si bien es cierto que "el movimiento, ocupación de sitios distintos en instantes distintos, es inconcebible sin tiempo", también lo es "la inmovilidad,

---

11. Sentidos omnipresentes en "Las ruinas circulares" y en la psicoanalítica *Destrucción de Borges* que emprende Blas Matamoro en *Jorge Luis Borges, o el juego trascendente*, Peña Lillo Ed., Buenos Aires, 1971, cap.1: "El inconcebible universo".

ocupación de un mismo lugar en distintos puntos del tiempo". Por lo tanto, no son equiparables los pares de conceptos "tiempo / movimiento" y "eternidad / quietud".

Se puede decir que la definición platónica del tiempo como imagen móvil de la eternidad recoge la intuición de que el tiempo se percibe, se mide, mucho más fácilmente recurriendo a los objetos móviles que por él transcurren, que en un inmutable estado de cosas. Pero lo quieto también transcurre, y hay quietudes que no cesan, es decir, que transcurren "todo el tiempo". La eternidad es, precisamente, "todo el tiempo". Que la Biblioteca exista *ab aeterno* y para siempre significa que existe en todos los momentos del tiempo. La humanamente imposible visión de la Biblioteca es comparable a nuestra visión de una fotografía: la imagen no se mueve, pero el tiempo continúa transcurriendo. La versión dinámica del Universo, el conjunto de las "películas" que dotan de movimiento a los libros de la Biblioteca, es subalterna respecto de su "guión". Incluso es probable que tales películas no existan.

Tal vez el pasaje, a examinar, que conectaría el cuento aquí analizado con la temática del tiempo (que excede los límites de este trabajo) sea el citado por Borges en "Historia de la eternidad" I:

"Los objetos del alma son sucesivos, ahora Sócrates y después un caballo, siempre una cosa aislada que se concibe y miles que se pierden; pero la Inteligencia Divina abarca juntamente todas las cosas. El pasado está en su presente así como también el porvenir. *Nada transcurre en ese mundo, en el que persisten todas las cosas, quietas en la felicidad de su condición.*" (Plotino, *Enéadas* V. El destacado es nuestro.)

Retomando de nuevo: Pero a aquella felicidad siguió la depresión[12]: la posibilidad de encontrar esas Vindicaciones es "computable en cero". Ante esto, surgieron dos "sectas":

Una proponía construir azarosamente los libros canónicos. En "La Biblioteca Total" Borges incluye en este sentido un ejemplo que introduce un nuevo "sujeto creador" además de Dios y los hombres: los monos. Recuerda que Huxley dijo que "media docena de monos, provistos de máquinas de escribir, producirán en unas cuantas eternidades todos los libros que contiene el British Museum".

La otra secta propuso un "método higiénico" para encontrar los libros magistrales: el progresivo descarte de obras inútiles. Borges da dos razones para mostrar su ineficacia:

a) que "la Biblioteca es tan enorme que toda reducción de origen humano resulta *infinitesimal*" (el destacado es nuestro),

b) que aunque cada libro es único, hay innumerables "facsímiles imperfectos" que sólo diferirán por unos pocos signos de su original destruido.

Como señala Nuño (o.c., p. 47), aquí Borges parece introducir un juicio de valor cuando habla de "facsímiles imperfectos". Nuño primero aclara que debemos entender el término "facsímil" en un sentido metafórico, como refiriendo a "ejemplar", ya que si no fuera así, se estaría violando la ley fundamental de la irrepetibilidad. En cuanto al término "imperfectos", observa que no se puede calificar así a ningún libro, ya que todos son producidos por el mismo simple principio de combinación de símbolos. Dos libros

---

12. El mismo vaivén anímico que el referido en "La esfera de Pascal" respecto de los hombres que, tras la caída de la concepción aristotélico-ptolemaica del cosmos, vivieron un breve periodo de euforia con la revolución copernicana, que rompía los sistemas de esferas concéntricas del sistema anterior: "Setenta años después, no quedaba un reflejo de ese fervor y los hombres se sintieron perdidos en el tiempo y en el espacio...".

que difieran entre sí por apenas una letra, no son comparables en términos de perfección, o, dicho de otro modo, son tan "perfectos" el uno como el otro.

Creemos que siguiendo la misma línea se podría revertir la abominación (al menos la que tiene razones "demográficas") que provocan los espejos y la cópula.

Si la frase del heresiarca de Uqbar en "Tlön, Uqbar, Orbis Tertius" I (F), "los espejos y la cópula son abominables, porque multiplican el número de los hombres", se basa en la degradación y el error que representaría toda copia (en este caso, la innumerable cantidad de hombres) respecto de un original arquetípico, vale objetar que original y copia son modos confusos e impropios de llamar a dos cosas a las que involucramos en una relación de imperfección, cuando en verdad ambas son tan perfectas como pueden serlo[13].

En "El tintorero enmascarado Hákim de Merv" (HUI) se encuentra la idea de los espejos abominables en el contexto de la cosmogonía herética que presenta el profeta islámico Hákim de Merv. Esta comienza por un Dios espectral, inmutable, sin origen, nombre ni cara. Su imagen, con-descendiendo a la acción, proyecta nueve sombras que crean una primera corona. Ese proceso emanativo se repite 999 veces. El último "dios", cuya divinidad tiende a cero,

---

13. A la luz de esta versión de la filosofía borgeana se podrían repensar ciertos aspectos del ensayo de Benjamin sobre "La obra de arte en la época de su reproductibilidad técnica" (1936). En principio, el uso de los prefijos repercutiendo sobre palabras como "re-producción" (o "pro-creación") puede deformarlas como el "in-" sobre "finito". Si parece dudosa la posibilidad de producción de originales, la re-producción (una extraña –en esta lectura borgeana- "creación de copias") puede compararse con un "multiplicar por cero". Así, se dificultaría hablar del *aura* que poseería el "aquí y ahora del original", dado que los originales (incluso los que llamamos "copias" –como el Quijote de Menard) estarían en un "aquí" tan particular como La Biblioteca y en un "ahora" que suma a todos los momentos del tiempo, *ab aeterno*. "Del aura no hay copia" (9). De nada hay copia. Ninguna cosa se hace presente por otra (es incomprobable que una tirada de 1000 ejemplares que representan en el modo de la reproducción a un libro original no sea/n en verdad 1000 libros totalmente distintos –aunque aquí usemos el sufijo "-mente" como si aclarara en algo la distinción propuesta). La re-presentación sería otra quimera "creada" por el prefijo.

es el que domina la tierra. En este contexto, "los espejos y la paternidad son abominables porque la multiplican y afirman." Una diferencia con la doctrina del heresiarca de Uqbar es la moral que Hákim esboza a partir de su cosmogonía: "El asco es la virtud fundamental. Dos disciplinas (cuya elección dejaba libre el profeta) pueden conducirnos a ella: la abstinencia y el desenfreno, el ejercicio de la carne o su castidad." En "Una vindicación del falso Basílides" está la misma cosmogonía: el dios de nuestra Escritura llega a crear el mundo después de 365 degradaciones respecto del verdadero Dios primordial. Aquí se vindica a este *pater innatus*, no limitado por nombre ni origen alguno, que contiene, en Su plenaria inmovilidad, "el museo de los Arquetipos platónicos". Luego procede por emanación, y las divinidades subalternas con-descienden a la acción. Al dios que se debería encargar de ejecutar nuestro deficiente mundo lo compara con una fracción que tiende a cero.

La exposición de la "lógica" de la Biblioteca y sus desastrosas consecuencias para los hombres culmina con la superstición (o la esperanza) de que exista "un libro que sea la cifra y el compendio perfecto *de todos los demás*". En la nota al pie de página, Borges acepta su posible existencia, que siguiendo esa "lógica" debería ser, sin más, su existencia, ya que de la Biblioteca "sólo está excluido lo imposible".

Nuño observa que esto es un error, que la existencia de un metalibro es imposible, ya que implicaría abandonar la "completitud" de la Biblioteca que surge de que sólo contiene los libros resultantes de la combinación de los 25 símbolos.

El problema del "libro total" es otro momento matemático de la Biblioteca, ya que se trata, en última instancia, de la paradoja de Cantor según la cual la noción de "conjunto de todos los conjuntos" es una noción contradictoria. Salpeter lo explica así:

"En "La Biblioteca de Babel" el narrador busca el catálogo de catálogos. Pero éste no ha de existir. Supongamos que el conjunto A es el catálogo de catálogos y A1, A2, A3 son todos los catálogos existentes en la Biblioteca… Nos encontramos entonces con un catálogo que no está catalogado, el A. Deberíamos armar un catálogo B que lo incluyera: B = {A, A1, A2, A3}. Ahora no está el catálogo B…, y así indefinidamente."

Tal vez Borges haya notado que el libro total en tanto catálogo de catálogos es imposible, y por eso "corrigió su error" escribiendo, entre sus cuentos de vejez, "El libro de arena", un volumen del que podría decirse que contiene las Obras Completas de Babel. Allí Borges muestra otra vez el encanto que ejercía sobre él el hecho de que entre dos puntos, por más cercanos que estos sean, sea imposible realizar movimiento alguno. Lo que aritméticamente puede expresarse diciendo que entre 0 y 1 hay infinitos números, equivale en ese cuento a decir que entre tapa y contratapa hay infinitas hojas (de arena). Martínez (o.c., pp. 20-21) también observa que Borges usa en sus relatos aquella propiedad de los números fraccionarios según la cual entre dos de ellos siempre hay uno en el medio: "Apoyé la mano izquierda sobre la portada y abrí con el dedo pulgar casi pegado al índice. Todo fue inútil: siempre se interponían varias hojas entre la portada y la mano.", dice el narrador de "El libro de arena". A lo que el vendedor contesta: "El número de páginas de este libro es exactamente infinito. Ninguna es la primera; ninguna, la última." Y luego agrega estas conocidas palabras: "Si el espacio es infinito estamos en cualquier punto del espacio. Si el tiempo es infinito estamos en cualquier punto del tiempo." Borges termina ingenuamente llamando al Libro de Arena, el "libro imposible", y resuelve perderlo.

Así como se podría pensar que "El libro de arena" es la versión narrativa de la nota al pie final de "La Biblioteca de Babel", de algún modo "El disco" (LA) podría ser una "emanación" narrativa de la última oración de esa nota: "la inconcebible hoja central no tendría revés". El leñador que asesina al rey poseedor de este disco de un solo lado[14] (otro momento matemático) tras deshacerse del cadáver vuelve a buscar el disco que había caído al piso. El grosor del disco es cero. Se podría pensar, si bien no en una solución, en una elisión del problema eleático: un modo de no perder ante la tortuga sería anular la idea de distancia. Sin embargo la última frase del cuento nos devuelve al problema: "No lo encontré. Hace años que lo sigo buscando".

De nuevo, creemos que esto es decir que, dada una distancia, ésta es por definición, analíticamente, *insalvable*, o que, postulados dos individuos determinados, dos entidades que sean un algo, en vez de un todo o una nada, su encuentro es imposible (Aquiles y la tortuga, una función y su límite, cualquier ser humano y su indiferente Dios...). En definitiva, en el marco de una metafísica de la plenitud (ilustrada, en orden decreciente de "tamaño", por objetos tales como "La Biblioteca de Babel", "El libro de arena", "El Aleph"...) deja de tener vigencia el movimiento (y la acción, y la creación).

La Biblioteca de Babel recuerda también a aquel mapa del Imperio que coincidía con el Imperio ("Magias parciales del Quijote", en OI, y "Del rigor en la ciencia", en *El hacedor*), ya que no deja lugar para la representación:

> "En aquel Imperio, el Arte de la Cartografía logró tal Perfección que el Mapa de una sola Provincia ocupaba toda una Ciudad, y el mapa del Imperio, toda una Provincia. Con el tiempo, estos *Mapas Desmesurados* no satisficieron y los Colegios de Cartógrafos levantaron un Mapa del Imperio, que tenía el Tamaño del Imperio y coincidía puntualmente con él." (El destacado es nuestro.)[15]

---

14. Un antecedente previsible: el florín irreversible en el que piensa (o trata de pensar) Borges para no pensar en el Zahir. Y un "arquetipo" raro y lejano: "sólo faltó una cosa: la vereda de enfrente" ("Fundación mítica de Buenos Aires", en *Cuaderno San Martín*).
15. Como "los Festspiele de Suiza: vastas y errantes representaciones teatrales, que requieren miles de actores y que reiteran episodios históricos en las mismas ciudades y montañas donde ocurrieron" "Tema del traidor y del héroe" (F).

A lo sumo, dentro del Imperio podrá haber mapas "menores que el Imperio", pero estos no representarán nada, no podrán ser "facsímiles imperfectos" de una supuesta entidad representada. Serán "individuos" sin relación con ningún otro. Como el perro de las tres y catorce mirado de perfil es para Funes otra cosa, que merece incluso otro nombre, respecto del "mismo" perro mirado de frente a las tres y cuarto.

2) Los contenidos

El cuento concluye con una discusión sobre el contenido de la lógica expuesta arriba. Borges comienza citándose a sí mismo (bajo la irónica fórmula "afirman los impíos") al reiterar las palabras finales de "La Biblioteca Total" respecto de que los libros de la Biblioteca "corren el incesante albur de cambiarse en otros y que todo lo afirman, lo niegan y lo confunden como una divinidad que delira". Esta inicial postura a favor del carácter disparatado de los libros, contra su carácter razonable y coherente, es negada de inmediato por el mismo Borges (como otra divinidad que delira). Dice que las estructuras formales totales que contiene la Biblioteca tienen, todas, una justificación, un sentido. Toda combinación de caracteres está prevista por el sistema de la Biblioteca. Y toda combinación tiene sentido *en alguna lengua*. "El disparate es normal en la Biblioteca", y sin embargo:

> "No puedo combinar unos caracteres *Dhcmrlchtdj* que la divina Biblioteca no haya previsto y que en alguna de sus lenguas secretas no encierren un terrible sentido. Nadie puede articular una sílaba que no esté llena de ternuras y de temores; que no sea en alguno de esos lenguajes el nombre poderoso de un dios."

Nada tiene sentido y todo tiene sentido. Creemos que la plenitud "provoca" el sinsentido, y la diferencia "provoca" el sentido, o al menos su ilusión. No ocurre sólo con los libros. "El inmortal" (de)muestra que ser inmortal es ser todos los hombres ("en un plazo infinito le ocurren a todo hombre todas las cosas"), y que es, por lo tanto, ser un solo hombre, que, entonces, no puede ser diferente de un "otro" que no existe. Se trata de uno de los problemas filosóficos que atraviesa toda la obra de Borges: el de la identidad.

En relación con el sentido, ser inmortal es carecer de sentido. Ser mortal es diferenciarse de otros hombres. Es protagonizar un puñado no infinito de eventos que definen y diferencian a tal mortal de tal otro[16]. Pero ser mortal conlleva, paradójicamente, dejar de ser, con lo cual el sinsentido parece ganar la partida. Sentido literario y sentido existencial guardan una relación inseparable: "La certidumbre de que todo está escrito nos anula o nos afantasma".

Contra esta idea de Borges, Borges sostiene en "Historia de la eternidad" III que "sin un espejo delicado y secreto de lo que pasó por las almas, la historia universal es tiempo perdido, y en ella nuestra historia personal -lo cual nos afantasma incómodamente."[17] Si no puedo descifrar un sentido oculto en una letra, si no puedo individualizar un texto, en definitiva, si no puedo crear, no puedo ser un individuo diferente de otros, no puedo ser el sujeto de ningún predicado, ya que los admito todos. Usamos "crear" en el sentido amplio de "actuar", y en el sentido restringido de "creación artística", ya sea escribiendo o leyendo, o

---

16. El citado ensayo "Sobre el *Vathek* de William Beckford" deplora la costumbre de los biógrafos de seleccionar de entre los hechos que conforman una vida, la de un literato por ejemplo, aquellos eventos tales como sus cambios de domicilio, en desmedro de sus (¿imposibles?) invenciones literarias. Una vez más Zenón acecha: Un hombre posee infinitas biografías, ya que los cortes que pueden realizarse respecto de los instantes de su vida están asociados a un tiempo infinitamente subdivisible. Infinitos actos, infinitas serie biográficas...
17. Aunque ambos concuerdan en que "suponer la vasta aniquilación de los años cargados de ciudades, de ríos y de júbilos, no es menos increíble que imaginar su total salvamento."

sea, "copiando". Como esforzadamente hace Pierre Menard, o como más descaradamente hace su humorística versión argentina, César Paladión ("Homenaje a César Paladión", en CBD), quien directamente copia libros ajenos y los firma[18].

Creemos que "Pierre Menard, autor del Quijote" no es una salida posible a la agobiante hipótesis de "La Biblioteca de Babel", como sostiene Nuño (o.c., p. 52), sino que, al contrario, demuestra también que "la creación no es posible" ni siquiera en el modo de la copia, ya que el ejemplar firmado por Cervantes y el firmado por Menard son posibilidades reales, existentes, y se encuentran contempladas por el sistema de La Biblioteca Total.

Además, estas posibilidades no guardan relaciones entre sí (facsimilares por ejemplo), sino que *son* "producidas" únicamente a partir de la lógica de la Biblioteca. Por lo que, en rigor, un libro que difiera de otro en una sola letra es tan diferente de aquel como de otro que difiera en páginas enteras. Por eso creemos que el Quijote de Menard no es una interpretación, ni una traducción, ni una relectura del Quijote de Cervantes. Es, sin más, otro libro. O, de otro modo, el Quijote de Menard es una reinterpretación, o traducción, o relectura de todos los demás libros existentes. Como acertadamente señala Beatriz Sarlo[19]:

"La paradoja cómica de Menard muestra, por medio de su *escándalo lógico*, que todos los textos son la rescritura de otros textos (en un despliegue especular, desviado e infinito de sentidos) [...], la productividad estética e ideológica de la lectura hace imposible la repetición. No hay modo de que un texto

---

18. Con un delicado escrúpulo: firma sólo lo que su espíritu siente que es capaz de realizar. "Prefería *Los crepúsculos del jardín* de Lugones a *Los parques abandonados*, pero no se juzgaba digno de asimilarlos; inversamente, reconocía que el libro de Herrera estaba dentro de sus posibilidades de entonces, ya que sus páginas lo expresaban con plenitud. Paladión le otorgó su nombre y lo pasó a la imprenta, sin quitar ni agregar una sola coma."
19. SARLO, Beatriz, *Borges, un escritor en las orillas*, Ariel, Buenos Aires, 1995

sea idéntico a su doble, no hay ningún espejo que ofrezca una transcripción exacta. Todos los textos son absolutamente originales."

Finalmente, pierde sentido el término "creación" tal como lo usamos comúnmente tanto para Dios, cómo, por analogía, para los seres humanos. No hay un creador, no hay un objeto que no exista antes del supuesto acto creativo, y al cual el creador le dé su anhelada existencia. No se puede crear lo que ya está creado. No se puede hacer lo que ya está hecho. Ya todo está dado (jugado) en los ciegos anaqueles de la absurda biblioteca, en la plenitud real-ideal de *las posibilidades que son*, de un pensamiento sin pensador. Todo lo que puede ser, *es ya*, y nada puede añadirse a este populoso universo.

Con el sujeto Dios sucede algo análogo, tampoco puede salir del laberinto, pero en su caso porque Él mismo es ese laberinto. "De Alguien a Nadie" (OI) relata el proceso de degradación y "afantasmamiento" de Dios a partir del análisis de sus Nombres. Así, en el principio Dios es *Elohim* (o sea, *los Dioses*), nombre que permite entender a un Dios personal, sujeto de predicaciones, incluso no exento de rasgos humanos, pero que a la vez ya engendra el germen de la plenitud que, paradójicamente, lo reducirá a Nada. El momento central de este proceso se da cuando los teólogos de nuestra era comienzan a aplicarle a sus adjetivos el prefijo "omni", haciendo de Dios "un respetuoso caos de superlativos no imaginables". Juan Escoto Erígena (claro antecedente de Spinoza en lo que hace a la distinción -y coincidencia- entre *natura naturante* y *natura naturada*) extrema este procedimiento: sostiene que Dios "inescrutablemente excede y rechaza todos los atributos" y termina por definirlo como "la nada primordial de la *creatio ex nihilo*".

Borges finaliza denunciando la falacia que rige este proceso de "magnificación hasta la nada":

"Ser una cosa es inexorablemente no ser todas las otras cosas; la intuición confusa de esa verdad ha inducido a los hombres a imaginar que no ser es más que ser algo y que, de alguna manera, es ser todo".

En nuestra opinión, "La Biblioteca de Babel" (o sea, el Universo) adolece del padecimiento de no ser un Algo, ya que, en su plenitud, termina por confundirlo todo, "como una divinidad que delira". Concordamos con el Borges "impío" de "La Biblioteca Total" que afirma el lado incoherente y sin sentido del universo. Es cierto también que hay un Borges "piadoso" que continuamente alienta la esperanza de que exista algo que tenga algún sentido, aunque su pensamiento filosófico le indique incesantemente lo contrario.

En lo que hace a la temática de la creación, Borges ha demostrado que es imposible. Las razones están en el cuento analizado. Pueden resumirse en el epígrafe de "El inmortal":

"Salomón dijo: No hay nada nuevo sobre la tierra. Y así, de la misma manera que Platón imaginó que todo conocimiento no es sino un recuerdo, del mismo modo Salomón sentenció que toda novedad no es sino un olvido (Francis Bacon, *Essays*, LVIII)."

Dado que nada nuevo hay, todo intento por introducir en la realidad alguna novedad, lo que llamamos "creación", no tendrá más que consecuencias funestas. En "La Biblioteca de Babel" se demuestran los efectos del imposible intento de componer libros originales. En otros lugares de la obra borgeana se ejemplifican otros absurdos que conlleva el pretendido acto creativo. Por ejemplo, el "anti-natural" intento de procrear un hijo encuentra en Borges expresión en el poema "El Golem" y el cuento "Las ruinas circulares"[20].

Una versión poética de esta imposibilidad (y de la inutilidad) de la creación, y su consecuente indiferencia valorativa respecto de todas las cosas del mundo (todo da lo mismo), se ve en esta humorística estrofa de "El Golem" (*El otro, el mismo*. El destacado es nuestro):

> "El rabí le explicaba el universo
>   Esto es mi Pie; esto el tuyo; esto la soga
>   Y logró, al cabo de años, que el perverso
>   Barriera *bien o mal* la sinagoga."

Allí el frustrado padre soltero (como el mago de "Las ruinas circulares") se pregunta: "¿Cómo [...] pude engendrar este penoso hijo / y la inacción dejé, que es la cordura?".

También "Emma Zunz", quien se da cuenta, antes de refugiarse en el "vértigo", que aquel a quien está vengando con su acción (su padre) le ha hecho a su madre, para otorgarle su existencia, para "crearla" a ella misma, "la cosa horrible que a ella ahora le hacían".

Toda acción es un crimen. La creación es imposible, y si no lo fuera, sería un crimen: es vano pretender agregar a la "infinita serie un símbolo más", "otra causa, otro efecto y otra cuita" ("El Golem"). La quietud de la Biblioteca-Universo ("iluminada, solitaria, infinita, perfectamente inmóvil, armada de volúmenes preciosos, inútil, incorruptible, secreta") es el *desideratum*. La inacción es la cordura[21].

---

20. LORENTZ CHAVES, Eliana, "Desejo masculino de maternidade", en *Cadernos de Psicanálise* / Sociedade de Psicanálise da Cidade do Rio de Janeiro. 16:19, 181-196, señala en este cuento el otro lado de Borges, el piadoso, el de la esperanza ilimitada.
21. Respecto de la indiferencia valorativa, en otro trabajo se podría exponer el "debate interno" entre el Borges piadoso, que fue un hombre ético hasta las fronteras del ascetismo, y el impiadoso filósofo que demuestra la indiferencia ética y estética."El jardín de senderos que se bifurcan" postula un tiempo de

infinitas bifurcaciones, donde pierde vigencia la base de la lógica, pero también la base de la ética: si un sujeto moral realiza "contemporáneamente" el hecho A y el no-A, es por una simple plenificación de las posibilidades de combinación (de interacción, en este caso) con otros átomos (sujetos morales), y no por una deliberación moral al fin de la cual "elija" realizar un acto, omitiendo su contrario: "Esa trama de tiempos que se aproximan, se bifurcan, se cortan o que secularmente se ignoran, abarca todas las posibilidades. No existimos en la mayoría de esos tiempos; en algunos existe usted y no yo; en otros, yo, no usted; en otros, los dos."Se disuelve también, así, la identidad personal: "Nadie es alguien, un solo hombre inmortal es todos los hombres. Como Cornelio Agrippa, soy dios, soy héroe, soy filósofo, soy demonio y soy mundo, lo cual es una fatigosa manera de decir que no soy." En este cuento, "El inmortal" (¿o El inmoral?), "ese bosquejo de una ética para inmortales" ("Epílogo" a *El Aleph*), Borges nos *demuestra* en el excurso filosófico de la parte IV que postulado un tiempo infinito, "le suceden a un hombre todas las cosas", y por lo tanto "...todos nuestros actos son justos, pero también son indiferentes. No hay méritos morales o intelectuales."En "Biografía de Tadeo Isidoro Cruz (1829-1874)" (A) la lección a-moral central del cuento sería: "Un destino no es mejor que otro". Sin embargo, la enseñanza moral del otro Borges no tarda más que una conjunción adversativa en aparecer: "[pero] Todo hombre debe acatar el [destino] que lleva adentro".En "El Congreso" se pregunta "¿habrá en la tierra algo sagrado o algo que no lo sea?".Para terminar en Babel, el título *El calambre de yeso* es tanto una estupidez como una genialidad literaria.

3ª Parte: OTRA CLAVE, LA MISMA

Clave de Baruch Spinoza: La Biblioteca se dice de varias maneras

> "La línea consta de un número infinito de puntos; el plano, de un número infinito de líneas; el volumen, de un número infinito de planos; el hipervolumen, de un número infinito de volúmenes... No, decididamente no es éste, *more geometrico*, el mejor modo de iniciar mi relato." ("El libro de arena")

En la Introducción mencionamos, siguiendo a Juan Nuño, la particular forma que adquiere el pensamiento borgeano en tanto "imaginación de abstracciones". En la Parte 1 analizamos dos recurrentes imágenes filosóficas que aparecen en ese pensamiento: la (estática) carrera protagonizada por Aquiles Piesligeros y la tortuga (1) y la esfera con centro en cualquier parte y superficie en ninguna (2). Luego (Parte 2, capítulo I) propusimos una lectura de la obra borgeana en "clave de Elea" según la cual las paradojas de Zenón contra el movimiento, como así también la metáfora de la esfera (que en uno de sus primeros avatares históricos es entonada por Parménides) funcionaran como "premisas incontrovertibles" de la filosofía de Borges. Vimos que dichas premisas son explicitadas en la obra ensayística madura de Borges, en tanto que los cuentos de madurez (leídos como "argumentos narrativos" según la clave propuesta) serían intentos fallidos de refutar aquella inmovilidad. Y en el capítulo II analizamos el cuento-ensayo que, a nuestro juicio, resume la cosmovisión que resulta de esta lectura: "La biblioteca de Babel".

En la presente Parte consignaremos la otra "imaginación filosófica" que, a nuestro juicio, domina el filosofar borgeano: el Dios de Spinoza, curiosamente no incluido en el censo de avatares de la esfera de Pascal. La presencia del filósofo judío (y de su particular *creatura* conceptual: la divinidad) es continua en Borges. Las dos imágenes eléatas son explícitamente tratadas en sus dos primeras colecciones de ensayos de madurez: la tortuga en *Discusión* y la esfera en *Otras inquisiciones*, y luego retomadas en la obra narrativa. Inversamente, la presencia de Spinoza se percibe en los textos maduros, pero recién se hace explícita ensayísticamente en la forma de tres poco conocidas conferencias de vejez. *Corpus* que podríamos bautizar como la (posible y real) *Clave de Baruch Spinoza*, según la anacrónica autobiografía del "Epílogo" a la edición de 1974 de las Obras Completas ("Sus preferencias fueron la literatura, la filosofía y la ética [...] En lo que se refiere a la metafísica, bástenos recordar cierta *Clave de Baruch Spinoza*, 1975") y la declaración de 1973: "estoy preparando ahora un trabajo sobre Spinoza" ("El culto rendido por Borges", en AA.VV., *Homenaje a Baruch Spinoza*, Museo Judío de Buenos Aires, 1976).

Dicho *corpus* consta de: "Spinoza", en *Conferencias de Jorge Luis Borges en el I.I.C.C.A.I.*, Buenos Aires, 1967; "Baruch Spinoza", en *Borges en la Escuela Freudiana de Buenos Aires*, Agalma, Buenos Aires, 1993; y "El labrador de infinitos", en *Clarín*, 25-10-1988. En adelante serán citadas por el año de su pronunciación: 1967, 1981 y 1985, respectivamente.

Dios, o sea la Naturaleza

El soneto "Spinoza" (en *El otro, el mismo*) y su continuación, o variante, "Baruch Spinoza" (en *La moneda de hierro*[1]) proponen la creación divina del hombre, pero en sentido inverso al común: la creación divina *a manos de* un hombre, Spinoza. Tan inmóvil como Jaromir Hladík y el mago de "Las ruinas circulares", pero más ambicioso en cuanto al objeto de su obrar, "en el confín del Ghetto" (que casi no existe) un "hombre *quieto* [...] está soñando un claro laberinto": "un hombre engendra a Dios". Trataremos de ver algunos caracteres de este engendro, "ese ser infinito, que viene a ser el más complejo de los dioses" (1985), y sus consecuencias, en relación a los aspectos que nos interesan para los fines de este trabajo.

> "Una de las tareas de la humanidad ha sido imaginar a Dios. Pero de los casi infinitos dioses que se han imaginado, ninguno (ni siquiera el Dios de la Escolástica, el Dios de Santo Tomás, por ejemplo) puede competir en variedad, en insondabilidad (si se me permite el barbarismo), con el Dios de Spinoza [...], esa imagen ha quedado y será parte de la memoria de todos los hombres. Más allá de los otros dioses del panteísmo, por ejemplo la esfera infinita de Parménides" (1985)

Spinoza basa toda su explicación de la realidad en la existencia necesaria de una solitaria sustancia infinita que no admite alteridad alguna que permita sostener la existencia de más de una realidad sustancial, con lo que cualquier variedad respecto de esa única realidad tendrá un mero carácter de modificación en el interior de la sustancia

---

[1]. BORGES, Jorge L., *La moneda de hierro*, Emecé, Buenos Aires, 1976

misma. Esta única realidad, que con su infinitud resume y agota todo el repertorio de lo que es, es llamada por Spinoza "Dios o Naturaleza" (términos "rigurosamente equivalentes y perfectamente intercambiables"[2]).

La primera denominación tiene para nuestro mundo judeo-cristiano una significación tan diferente a la del concepto central del sistema spinoziano, que hace necesario, antes que nada, marcar algunas fundamentales diferencias entre ambas concepciones.

El Dios de la teología judeo-cristiana es concebido como un hombre sobrenatural, o sea, un ser personal que difiere de la Naturaleza ya que está más allá de ella, en un estadío de jerarquía superior al mundo, respecto del cual es trascendente. A este Dios le son atribuidas, como características esenciales, dos notas humanas proyectadas al infinito: voluntad libre e intelecto (y todas sus condiciones y consecuencias: la libertad, la deliberación, la elección racional, la acción). Con esas capacidades nuestro Dios "quiso" y "supo como" crear voluntaria y libremente el mundo, y todo lo que en él hay, a partir de la nada. Sin embargo,

> "Otra visión habrá; la de un eterno
> Dios cuya ubicua faz es cada cosa,
> Que explicará el geométrico Spinoza
> En un libro más arduo que el Averno..."[3]

Para Spinoza, "Dios es concebido por el vulgo como un hombre" (E2P3S)[4]. Sin embargo, "ni el intelecto ni la voluntad pertenecen a la naturaleza de Dios" (E1P17S), por lo que jamás pudo haber querido iniciar operación creativa alguna, ya que, entre otras cosas, el "querer hacer o crear algo que no se tiene" no es propio de un ser infinito

---

[2]. MISRAHI, Robert. *Spinoza*, Edaf, Madrid, 1975 (p. 56). Puede incluirse entre ellos el término "sustancia".
[3]. "El alquimista", en *El otro, el mismo*
[4]. SPINOZA, Baruch. *Ética demostrada según el orden geométrico*, Orbis, Madrid, 1983, traducción Vidal Peña.

y perfecto. Spinoza "le niega dos posibilidades. Una, la de comprender, ya que, si yo comprendo algo, el instante anterior fue de incomprensión. [...] Y luego, Spinoza le niega también a Dios la voluntad, ya que querer algo es carecer de algo. [...] Y Dios, que es todas las cosas, Dios, que agota todas las posibilidades, no puede desear nada y no puede comprender nada. Él es todas las cosas." (1985)

El apéndice del primer libro de la *Ética* muestra que el origen de la creencia en una divinidad antropomórfica está en una equivocada extrapolación: del hecho de que el hombre encuentra en la naturaleza cosas que le son útiles para sobrevivir, se concluye que la naturaleza misma esta ordenada según fines, y que tal orden teleológico debe haber sido provisto por una divinidad, dado que esos medios han sido encontrados pero no organizados por los hombres. Al no tener otras noticias de ese organizador supremo, las personas han juzgado acerca de Él a partir de su propia naturaleza humana.

"La esfera de Pascal" empieza señalando que "el rapsoda Jenófanes de Colofón, harto de los versos homéricos que recitaba de ciudad en ciudad, fustigó a los poetas que atribuyeron rasgos antropomórficos a los dioses y propuso a los griegos un solo Dios, que era una esfera eterna."[5]

Sin embargo, igual podríamos decir que el Dios de la *Ética* también es libre y no carece de voluntad ni de intelecto. La razón de que esto no importe una contradicción está en que esos términos están redefinidos en Spinoza.

---

5. Asimismo, en la "Carta 56" Spinoza ironiza sobre esta concepción antropomórfica y le señala a su interlocutor, que le ha reprochado su negativa a considerar que en Dios se den eminentemente los atributos que se dan en el hombre: "usted cree que no existe mayor perfección que la que puede expresarse con los mencionados atributos. No me extraña esto porque creo que el triángulo, si tuviera la facultad de hablar, diría [...] que Dios es eminentemente triangular, y que el círculo diría que la naturaleza divina es circular de modo eminente; y por el mismo motivo todo el mundo atribuiría a Dios sus atributos y se haría similar a Dios y el resto le parecería deforme." (*Correspondencia*, Alianza, Madrid, 1988).

Ningún término aplicado a Dios debe considerarse con el mismo significado que tiene cuando se lo aplica a los seres humanos[6].

La libertad de Dios consiste en la absoluta y necesaria realización de su esencia. Por lo tanto, sus actos no son libres en el sentido de que Dios podría no haber hecho algo que hizo, si así lo hubiera querido, o en el sentido de que este sea el mejor de los mundos posibles en razón de una combinación entre una capacidad intelectual que permite concebir todos esos mundos, y una voluntad libre y buena por la que decide realizar el mejor. La voluntad divina es inmutable: lo que Dios quiere es necesaria e inmutablemente querido. Dios no podría haber querido otras cosas que las que quiere: "Dios obra en virtud de las solas leyes de su naturaleza, y no forzado por nadie" (E1P17). De dicha proposición se sigue que "no hay ninguna causa que, extrínseca o intrínsecamente, incite a Dios a obrar, a no ser la perfección de su misma naturaleza" (corolario 1). Como de la naturaleza de Dios se siguen infinitas cosas (E1P16) y además, ninguna cosa puede ser si no es en Dios (E1P15), no hay nada que pueda determinar el obrar divino (E1P17D).

Este modo de obrar "en virtud de la sola necesidad de su naturaleza" es lo que hace para Spinoza que Dios sea la única *causa libre* de las cosas (corolario 2). Para él es absurdo considerar que Dios sería libre merced a una supuesta capacidad de hacer que no ocurran o que no sean las cosas que de su propia naturaleza se siguen, ya que la libertad no se

---

6. "Si el entendimiento y la voluntad pertenecen a la esencia eterna de Dios, entonces ha de entenderse por ambos atributos algo distinto de lo que ordinariamente entienden los hombres. Pues esos entendimiento y voluntad que constituirían la esencia de Dios deberían diferir por completo de nuestro entendimiento y voluntad, y no podrían concordar con ellos en nada, salvo el nombre" (E1P17S). Principio que recuerda la lógica delirante de La Biblioteca, dónde "Un número *n* de lenguajes posibles usa el mismo vocabulario; en algunos, el símbolo *biblioteca* admite la correcta definición *ubicuo y perdurable sistema de galerías hexagonales*, pero *biblioteca* es *pan* o *pirámide* o cualquier otra cosa, y las siete palabras que la definen tienen otro valor. Tú, que me lees, ¿estás seguro de entender mi lenguaje?".

basa en la indeterminación sino en la autodeterminación, y es contradictorio, para preservar la omnipotencia de Dios, pensar que Él no pueda hacer que existan todas las cosas que entiende en acto (E1P17S).

Es por todo eso que "las cosas no podrían haber sido producidas por Dios de ningún otro modo, y en ningún otro orden que en el que han sido producidas" (E1P33). Negar esto implicaría la posibilidad de un cambio en la naturaleza divina, según el cual Dios podría dejar de ser Dios. Pero como "la existencia de Dios y su esencia son una y la misma" (E1P20), cualquier cambio en el modo de existir de Dios cambiaría su esencia, por lo cual debe concluirse de nuevo la necesidad de la acción divina, incompatible con la concepción creacionista de nuestra teología.

Spinoza rechaza, por último, la distinción entre el Creador y su creación: "Dios es causa inmanente, pero no transitiva, de todas las cosas" (E1P18). Por lo tanto, Dios no es un agente que, mediante la realización de uno o varios actos de creación, hace el Universo, ya que de este modo se lo estaría describiendo como una causa transitiva de las cosas, o sea, separable de sus efectos, lo que colocaría a Dios como un ser apartado del mundo.

Iván Almeida[7] ve en la manera spinoziana de leer la filosofía anterior a él, una prefiguración del modo borgeano de leer a Spinoza. Las claves de lectura spinozianas serían:

a) un "exceso de coherencia" tal que prolonga las consecuencias de un argumento al punto de invalidar sus premisas. Así "la aceptación firme y literal de la idea escolástica y cartesiana de Dios como substancia necesaria, conduce [...] a la negación de la multiplicidad de las substancias y, por ende, a la negación misma de la idea de Dios creador que subyace a esa demostración". Almeida aclara que aquello a lo que se le exige esta hiper-coherencia es a un

---

7. ALMEIDA, Iván. "Borges en clave de Spinoza", en *Variaciones Borges* N° 9 (2000)

pensamiento con el que se concuerda, aceptando la circularidad del movimiento lógico que lleva a que la consecuencia invalide la premisa, con lo cual la premisa invalida la consecuencia...;

b) "mirar las ecuaciones al revés". El ejemplo lo da Borges:

> "Spinoza usa la frase *Deus sive natura* (Dios o la Naturaleza)[8]. Es decir, ambas cosas son iguales. Dios o el Universo. Salvo que el Universo no es sólo el universo material, el del espacio astronómico, sino lo que llamamos el proceso cósmico. Es decir, el Universo comprende todo lo que existe. Nos comprende, por ejemplo, a cada uno de nosotros, [...] comprende toda nuestra vida, lo que soñamos, lo que entresoñamos, lo que hemos hecho, comprende la historia universal, y todo eso también es Dios. Ahora, el panteísmo como sistema es antiguo. Lo encontramos por ejemplo en Parménides. Creía que solo existe una esfera, infinita, pero esa esfera es material." (1985)

La concepción spinoziana está "libre del mito", ya que si un sinónimo de "Dios" es "Naturaleza", se quiere decir que todas las cosas deben explicarse en cuanto pertenecientes a un único sistema omniabarcante, que no deja afuera a ninguna causa, aunque se trate de la causa primera. Esta inmanencia de Dios lleva a Spinoza a retomar la distinción medieval de Juan Escoto Erígena, que ilustra la identificación de Dios con la Naturaleza: *Natura Naturans – Natura Naturata*. La primera se refiere al aspecto de Dios según el cual éste es la sustancia de infinitos atributos, causa de todas las cosas singulares, y la segunda, al aspecto según el cual Dios es el sistema (modal) de la totalidad de esas mismas cosas singulares (E1P29), las "criaturas", que no son más que modificaciones de sí mismo.

---

8. En la Conclusión propondremos otras dos "imágenes filosóficas" que creemos que atraviesan la obra borgeana y que pueden funcionar como miembros de esta ecuación.

La relación entre estos dos aspectos de la sustancia es similar a la que se daría entre las premisas y la conclusión de una demostración deductiva, una relación de fundamentación, no la que se da entre un creador y su creación, por lo que la distinción *naturaleza naturante – naturaleza naturada* no debe entenderse como ubicando a un Dios similar al judeo-cristiano en la naturante, y a la naturaleza en la naturada. "Dios" es sólo un nombre propio (arbitrario, podríamos llamarlo "pan" o "pirámide"[9]) para la Naturaleza. No hay una entidad que sirva de soporte a los atributos de la *naturaleza naturante*: los modos y los atributos agotan a esa realidad sustancial[10].

Desde un lado de la ecuación, Borges nos explica que para el sistema spinoziano "sólo Dios existe" y recuerda "un verso de Amado Nervo que vendría a ser una suerte de síntesis, quizá involuntaria, de la filosofía de Spinoza [...]: Dios existe / nosotros somos los que no existimos" (1985).

Desde "nuestro" lado de la ecuación, se hace necesario exponer brevemente el sistema modal según el cual se despliega la sustancia única.

> "Spinoza nos propone ese ser que es causa de sí mismo, y luego se dedica a explorarlo. Y ya que ese ser es Dios, tiene que ser infinito. [...] Y aquí viene quizá lo más sorprendente de su concepto de Dios. [...] Spinoza imagina esa sustancia infinita, dotada de infinitos atributos." (1985)

---

9. Al final, quizás no era tan incierto que "admirables tragedias y comedias abundan en las páginas del Corán", o al menos es tan cierto como que *admirables panes y pirámides abundan en las páginas del Corán*.

10. Forzando el argumento con el que se coincide para terminar refutándolo: que Dios sea causa de los modos (E1P18D), no debe tomarse en el sentido voluntarista de la teología tradicional, ya que eso contradiría la nota de perfección que tanto Spinoza como el judeo-cristianismo adjudican a Dios, dado que estaríamos ante un Dios que, al no tener toda la realidad que podría tener, se vería compelido a imponerse la finalidad de crear nuevas realidades.

Diego Tatián[11] sostiene que la fuerte atracción que ejerce el Dios spinoziano sobre Borges tiene una doble dimensión: la religiosa, en cuanto rechaza la idea de un Dios personal; la estética, en cuanto lleva al límite la idea de un Dios infinito. Luego explica que los *infinitis atributis* de que consta la sustancia divina son entendidos por Borges no como una infinidad intensiva, cualitativa, sino numérica, como significando "innumerabilidad".

La metafísica de Spinoza se puede ver como una respuesta al problema que muchos filósofos posteriores a Descartes vieron como el más grave de su doctrina de la sustancia: la incomunicabilidad entre la *res extensa* y la *res cogitans*. Spinoza supera ese dualismo metafísico ubicando al pensamiento y a la extensión como atributos que expresan[12] distintas esencias de una única sustancia.

Dado que un atributo es "aquello que el entendimiento percibe de una sustancia como constitutivo de la esencia de la misma" (E1D4), y que Dios es "una sustancia que consta de infinitos atributos, cada uno de los cuales expresa una esencia eterna e infinita" (E1D6), no debe concluirse que porque podamos concebir dos atributos como realmente distintos, estos constituyan dos sustancias diversas (E1P10). Dios es también una cosa extensa:

> "Dios tiene un cuerpo y ese cuerpo es el universo [...], cada uno de nosotros es, corporalmente, parte del cuerpo de Dios, así como las plantas, los animales, los minerales y los astros" (1967).

---

11. TATIAN, Diego. "Geometría y amistad. Borges lector de Spinoza", en *Spinoza y el amor del mundo*, Altamira, Buenos Aires, 2004 (p. 199)
12. DELEUZE, Gilles. *Spinoza y el problema de la expresión*, Atajos, Barcelona, 1996, traducción de Horst Vogel: "En la medida en que puede hablarse de un anticartesianismo de Leibniz y de Spinoza, ese anticartesianismo se basa en la idea de expresión." (p. 13)

Ahora, el Pensamiento y la Extensión son los atributos que el hombre puede conocer. Sin embargo, de la infinitud de Dios se sigue la existencia de infinidad de otros atributos que, cómo indica Tatián, "sólo pueden ser intencionados verbalmente o deducidos lógicamente, pero no conocidos ni tan siquiera imaginados" (p. 200). La solución spinoziana al problema cartesiano de la comunicación de la *res extensa* y la *res cogitans* se basa en que las cadenas causales que se dan en cada atributo sencillamente no se cruzan, sino que expresan en forma "paralela" una misma realidad "diversamente modulada" diría Borges (en rigor sería, "diversamente atribuida"). Dice Tatián que "este imaginario de inspiración spinozista del que participa Borges, significa entre otras cosas que hay una infinidad de maneras en las que cada hecho puede suceder y efectivamente sucede. Cada acontecimiento es múltiple, puntualmente infinito, inconcebible en su totalidad" (p. 203). Borges ejemplifica:

> "si me dan una puñalada, yo tengo la conciencia del dolor, [...] luego ocurre también un cambio en el espacio porque el puñal entra en el cuerpo. Pero [...] ocurren además otras infinitas cosas, y ésas ocurren en la mente de Dios, y no podemos imaginarlas. Es decir, habría un número infinito de universos paralelos. A nosotros nos ha sido dada la conciencia de dos [Pensamiento y Extensión], pero además hay otros atributos y esos atributos son infinitos" (1981). "Queda un número infinito, el infinito menos dos, es decir, el infinito [número] de hechos que no conocemos" (1967).

El último nivel lógico en el que se expresa la naturaleza nos permite llegar a la naturaleza naturada. Dentro del ámbito del atributo Extensión podemos señalar, como ejemplo, algunos aspectos de la física spinoziana que observan paralelismos con La Biblioteca borgeana.

La Extensión es uno de los infinitos atributos de la sustancia, y es impropio suponer que puede haber sido creada por un acto de voluntad realizado por esa misma sustancia (Dios) de la cual es atributo. Eso llevaría a absurdos tales como sostener que la Extensión, que es esencial a Dios, en algún momento fue una carencia que tuvo la divinidad, en virtud de la cual por un acto de su voluntad y en vista a la finalidad de subsanar tal falta, en algún otro momento (la Extensión) fue creada. De este modo, Spinoza rechaza las doctrinas que colocan a la materia como una creación *ex-nihilo*, al modo del cristianismo, como así también las que la suponen preexistente al mundo, funcionando como la "materia prima" a partir de la cual el mundo fue creado.

Como señala el primer axioma de Babel: "La Biblioteca existe *ab aeterno.*" De lo cual se sigue "la eternidad futura del mundo".

Ahora, en el marco del sistema modal en que se expresa la Naturaleza, la Extensión se ve modificada en forma inmediata e infinita por el movimiento. Tal inmediatez obtura también la posibilidad de que el movimiento sea causado por un acto de creación divina (que bien podría no haber ocurrido), sino que debe ser una consecuencia lógica del desarrollo expresivo que afecta a toda la realidad. El movimiento será la inmediata expresión modal que se produce en el atributo de la Extensión, sin concurso de acto creativo alguno[13].

Señalamos que la doctrina de los infinitos atributos de la sustancia única, y sus modificaciones, permitía superar el problemático dualismo cartesiano, que necesitaba recurrir a una metafísica creacionista para explicar el mundo de la extensión.

En el último nivel en que se expresa el sistema modal del universo, el de las cosas individuales, tampoco puede hablarse propiamente de *creaturas* al modo de un Dios

---

13. Queda abierto el problema que surge al sostener esto: que la Extensión no parece implicar en forma necesaria al movimiento, como para poder deducirlo a éste sin necesidad de recurrir a alguna causa trascendente (por ejemplo, un decreto voluntario de Dios por el cual se dé el impulso inicial que imprima el movimiento a la materia). El propio Spinoza parece conceder esto en parte, al considerar al movimiento como una modificación de la Extensión, lo cual permite, al menos, concebir la Extensión como careciendo de movimiento.

creador cristiano[14]. Para Spinoza lo finito surge en el seno de lo infinito, como una consecuencia lógica del movimiento y reposo (modificación infinita e inmediata del atributo Extensión) que implica a la *facies totius universi* (modo infinito mediato), donde el choque de los cuerpos individua las cosas finitas.

Pero estos modos finitos no se diferencian en razón de su naturaleza, sino que se distinguen gradualmente en razón de cierta proporción de energía que los anima. Cuando estos cuerpos más simples configuran complejos corpóreos, se agrega, para garantizar su estabilidad como individuos, la presión del medio exterior que los mantiene unidos.

Sin embargo, en rigor, se hace difícil hablar de individuos en el sistema de la sustancia, en principio porque sólo hay una sustancia, y más específicamente, porque el ámbito de la Extensión es infinito e indivisible y no da lugar a la existencia del vacío (que permitiría individuar átomos al menos). El espacio sería un *plenum* de materia cuyo aspecto total estaría dado por la *faz total del universo*, y donde la imposibilidad de una física de átomos y vacío impediría hablar propiamente de cuerpos individuales "separables" de otros cuerpos[15].

---

14. El de las cosas individuales es otro problema que no encuentra una explicación del todo satisfactoria en Spinoza, quien, en su intento por superar el creacionismo, recrearía una suerte de emanatismo en su explicación del origen causal de las cosas singulares. Así, en su sistema modal parece encontrarse la idea de un cierto despliegue de un ser infinito (Dios o la Naturaleza) por el cual surge la multiplicidad de las cosas individuales finitas. Sin embargo hay dos diferencias importantes: en primer lugar, la causa infinita de la emanación no es un agente intelectual, sino que es una causa que actúa con necesidad mecánica, como ya fue dicho. En segundo lugar, Spinoza no reduce lo material al pensamiento, ya que el problema emanatista de cómo un Dios inmaterial crea un mundo material no es un problema en su sistema, sino que su problema es cómo puede ser que a partir de los modos infinitos surjan los modos finitos.
15. "Schopenhauer, en su libro *Parerga und Paralipomena* [compara] la historia a un calidoscopio, en el que cambian las figuras, no los pedacitos de vidrio, y a una eterna y confusa tragicomedia en la que cambian los papeles y las máscaras, pero no los actores." ("Nathaniel Hawthorne")

Stuart Hampshire[16] abrevia el concepto de "movimiento y reposo" con un término más contemporáneo: "energía". Borges, en "La doctrina de los ciclos" lo usa a favor de la concepción lineal del tiempo, contra el eterno retorno:

> "La segunda ley de la termodinámica declara que hay procesos energéticos que son irreversibles. El calor y la luz no son más que formas de la energía. Basta proyectar una luz sobre una superficie negra para que se convierta en calor. El calor, en cambio, ya no volverá a la forma de luz. Esa comprobación, de aspecto inofensivo o insípido, anula el "laberinto circular" del Eterno Retorno. La primera ley de la termodinámica declara que la energía del universo es constante. La segunda, que esa energía propende a la incomunicación, al desorden, aunque la cantidad total no decrece. Esa gradual desintegración de las fuerzas que componen el universo, es la entropía. Una vez igualadas las diversas temperaturas, una vez excluida (o compensada) toda acción de un cuerpo sobre otro, el mundo será un fortuito concurso de átomos. En el centro profundo de las estrellas, ese difícil y mortal equilibrio ha sido logrado. A fuerza de intercambios el universo entero lo alcanzará, y estará tibio y muerto. La luz se va perdiendo en calor; el universo, minuto por minuto, se hace invisible. Se hace más liviano, también. Alguna vez, ya no será más que calor: calor equilibrado, inmóvil, igual. Entonces habrá muerto."

Equilibrado, inmóvil, igual, muerto... Adjetivos que convienen plenamente al protagonista del texto central que expresa, a nuestro juicio, la cosmovisión (o la "ontológica"[17]) borgeana: "La Biblioteca de Babel".

---

16. HAMPSHIRE, Stuart. *Spinoza*, Alianza, Madrid, 1982, traducción de Vidal Peña (p. 53).
17. Cómo señala Misrahi (o.c., p. 53), dado que en Spinoza el encadenamiento lógico es paralelo al causal, "la ontología es también una lógica o una *ontológica*".

El Universo, o sea La Biblioteca

En base al análisis de "La Biblioteca" efectuado en el capítulo II de la Parte 2, y a la exposición borgeana del Dios de Spinoza expuesta arriba, creemos que es posible establecer algunas analogías entre ambos textos.

a) La "Biblioteca Naturante"

El primer argumento que proponemos parte del dictamen: "La Biblioteca es una esfera cuyo centro cabal es cualquier hexágono, cuya circunferencia es inaccesible."

Dijimos al comienzo de esta Parte que era curioso que el Dios spinoziano no fuera mencionado como un capítulo importante en la historia de la metáfora de la esfera. Tal vez ahora ya no sea tan rara esa omisión. Este Dios está "libre de la metáfora", es el desmesurado mapa de sí mismo, un sinónimo de Biblioteca. Spinoza, "libre de la metáfora y el mito / Labra un arduo cristal: el infinito / Mapa de Aquel que es todas Sus estrellas." ("Spinoza"). Tatián observa que si bien un mapa es una metáfora, el mapa que, según Borges, traza Spinoza, está libre de ella. La razón es que se trata de un mapa infinito, un mapa que coincide con la realidad. Tatián agrega que el mapa spinoziano se encuentra también libre *del rigor de la ciencia y de la representación* (pp. 210-211).

Retomando lo señalado en la Parte 2 (II 1), La Biblioteca tampoco deja espacio para la representación al *contemplar todas las estrellas*, o, sin metáforas, al contemplar (conceptualmente) la totalidad de las posibles combinaciones de letras que hacen presentes a todos los textos posibles, anulando la posibilidad de la relación de re-presentación entre dos cosas individuales. Además, estas combinaciones no guardan ninguna clase de relación entre sí (relaciones facsimilares, ejemplificamos), sino que se relacionan solamente con el sistema lógico de la Biblioteca mediante el cual son necesariamente "producidas".

Vista de esta forma, podríamos postular una "Biblioteca Naturante", y apoyar esa postulación observando que las descripciones del Dios spinoziano que hicimos arriba, convienen a La Biblioteca: solitaria, infinita, cuyas operaciones no son creadoras, sino que se dan impersonalmente "en virtud de la sola necesidad de su naturaleza", una necesidad lógica basada, como la *Ética*, en un punto de partida axiomático del cual surgen todas las cosas.

No hay un "otro" en el sistema spinoziano-borgeano. Ninguna cosa individual difiere de Dios, sino que, de algún modo, *es* Dios, o sea, La Biblioteca. En términos de la *Ética*: "Todo lo que es, es en Dios, y sin Dios nada puede ser ni concebirse" (E1P15), y "de la suma potencia de Dios, o sea, de su infinita naturaleza, se siguen siempre con la misma necesidad, infinitas cosas de infinitos modos, esto es, *todas las cosas…*" (E1P17S, el destacado es nuestro). Estas cosas que constituyen el mundo, que *son* el mundo, "no han podido ser producidas por Dios de ninguna otra manera y en ningún otro orden que como lo han sido" (E1P33).

Mediante aquel procedimiento señalado por Almeida, que invierte la reducción al absurdo en un exceso de coherencia (y confirmando que los sentidos de las palabras son intercambiables hasta la incomunicación y el delirio), podemos apoyarnos en "Del culto de los libros" (OI) que cita la *Religio Medici* de Sir Thomas Browne, según la cual "*Todas las cosas* son artificiales, porque la Naturaleza es el Arte de Dios" (el destacado el nuestro). Ahora, según nuestro sentido común la afirmación debería ser un condicional: "Si hay algo que Dios no haya hecho, y que el hombre pueda hacer, esa cosa será artificial". Pero nada es artificial, porque ya todo está hecho… por Dios. Ese ensayo cierra mencionando que "el mundo, según Mallarmé, existe para un libro;

según Bloy, somos versículos o palabras o letras de un libro mágico, y ese libro incesante es la única cosa que hay en el mundo: es, mejor dicho, el mundo."

En el mismo párrafo de Browne se lee que "Dos son los libros en que suelo aprender teología: La Sagrada Escritura y aquel universal y público manuscrito que está patente a todos los ojos. Quienes nunca Lo vieron en el primero, Lo descubrieron en el otro". Esos dos "libros de teología" nos recuerdan el paralelismo de los atributos mediante el cual se disuelve el grave problema cartesiano de la correlación entre las ideas y las cosas, ya que el sistema lógico-formal de todas las ideas (o sea, Dios visto bajo el atributo Pensamiento) coincide con el sistema "lógico-material" de todos sus *ideata*, las cosas (Dios concebido como Extensión), no siendo estos dos ordenamientos de lo real más que expresiones de una única realidad: la sustancia divina. Ejemplifica Borges:

> "Imaginemos dos cosas tan distintas como la materia y el espíritu. ¿Cómo puede una influir en la otra? Por ejemplo: alguien clava una aguja en mi carne. Ese es un hecho físico. Yo siento dolor. Ese es un hecho mental, o espiritual. ¿Cómo puede ser que uno esté causado por el otro? [...] según Spinoza, el hecho no es ese. El hecho vendría a ser que son dos cosas paralelas, pero no una causa de la otra." (1985)

Tatián señala, como hemos visto, el imaginario común entre Spinoza y Borges, según el cual "hay una infinidad de maneras en las que cada hecho puede suceder y efectivamente sucede", y a continuación relaciona el paralelismo spinoziano con el cuento "El jardín de senderos que se bifurcan", para opinar que se oponen dado que en la cosmovisión de Spinoza "en el instante exacto en el que una cosa ocurre bajo la forma del tiempo se desencadenan otros mundos que no son el tiempo". En cambio en la infinidad de mundos posibles de "El jardín" se trata "sólo del tiempo", "de un tiempo en el que cada instante es el origen de infinitas líneas de tiempo, que por tanto, constituyen un universo en el que todo lo que puede suceder sucede de manera indefectible en alguna de las series" (pp. 204-205).

No vemos tal oposición, ya que por un lado, en el paralelismo spinoziano un mundo no "desencadena" otros mundos (por más que el giro "en el instante exacto" trate de atenuar la causalidad inter-atributos). Por ejemplo, la cadena de todas las ideas posibles que Dios posee, la posee toda eternamente. Si queremos una eternidad que no esté fuera del tiempo, podemos decir que Dios posee la cadena de todas las ideas posibles en todos los momentos del tiempo. Borges expone un ejemplo leibniziano:

"Leibniz [...] imagina dos relojes. Los dos funcionan perfectamente. Les dan cuerda. En el mismo momento en que uno marca las siete de la tarde, el otro marca las siete. Pero ninguno de esos dos relojes ejerce una influencia en el otro. Los dos han sido condicionados para ese hecho. Pues bien, según Leibniz, y según Spinoza, cada uno de nosotros ha sido condicionado por la Divinidad para una serie de hechos. Y esos hechos son paralelos." (1985)

Por otro lado, ambos paralelismos son compatibles (y también lo son el paralelismo de Spinoza con las "convergencias y divergencias" del "El jardín"): en cada bifurcación del infinito jardín los hechos que suceden pueden suceder expresados en los infinitos atributos de la sustancia spinoziana.

Tatián finalmente cita un párrafo de la novela *Star Maker*, de Olaf Stapledon, de notorias coincidencias con el texto de "El jardín". Borges, en una nota publicada el 20 de agosto de 1937 en la Revista "El Hogar", la resume así:

"Este libro refiere una exploración imaginaria del universo. El héroe, mentalmente, llega a un insospechado planeta y se hospeda en el cuerpo de uno de sus habitantes "humanos". Las dos conciencias llegan a convivir y aun a compenetrarse, sin perder su carácter individual. Luego -incorpóreas- visitan otras almas en otros mundos, y construyen, a fuerza de adiciones, un casi innumerable Yo colectivo. Los muy diversos individuos que forman ese Yo guardan su personalidad, pero comparten sus recuerdos y su experiencia. Exploran, desde el primer instante del tiempo hasta el último, el espacio estelar. *Star Maker* es el resumen de esa enorme aventura."

La nota concluye que

"no en vano es socialista el autor: sus imaginaciones (casi siempre) son colectivas. Baruch Spinoza, geómetra de la divinidad, creía que el universo consta de infinitas cosas en infinitos modos. Olaf Stapledon, novelista, comparte esa abrumadora opinión."

Vimos que según el *logos* de Babel podría decirse que está todo escrito (o pensado según el *logos* de la sustancia), no como una profecía, sino como posibilidad-actual. Los libros posibles son reales desde y para siempre. Para ese otro "hacedor de estrellas" que es Spinoza, la cadena de ideas que Dios posee toda, la posee toda eternamente. Ahora, esto nos lleva a pensar que no hay ideas que estén en el hombre y no estén en Dios, ni libros que *ya* no estén escritos, extendiendo la imposibilidad de la creación divina a los hombres.

b) La "Biblioteca Naturada"

El segundo argumento que proponemos parte de ver la ecuación al revés: más allá de su mecanismo de producción lógica, La Biblioteca es la suma infinita de cada uno de los (modales) libros que produce:

"Todo: la historia minuciosa del porvenir, las autobiografías de los arcángeles, el catálogo fiel de la Biblioteca, miles y miles de catálogos falsos, la demostración de la falacia de esos catálogos, la demostración de la falacia del catálogo verdadero, el evangelio gnóstico de Basílides, el comentario de ese evangelio, el comentario del comentario de ese evangelio, la relación verídica de tu muerte, la versión de cada libro a todas las lenguas, las interpolaciones de cada libro en todos los libros, el tratado que Beda pudo escribir (y no escribió) sobre la mitología de los sajones, los libros perdidos de Tácito." ("La Biblioteca de Babel"). Y "Los egipcios de Esquilo, el número preciso de veces que las aguas del Ganges han reflejado el vuelo de un halcón, el secreto y verdadero nombre de Roma, la enciclopedia que hubiera edificado Novalis, mis sueños y entresueños en el alba del catorce de agosto de 1934, la demostración del teorema de Pierre Fermat, los no escritos capítulos de Edwin Drood, esos mismos capítulos traducidos al idioma que hablaron los garamantas, las paradojas que ideó Berkeley acerca del Tiempo y que no publicó, los libros de hierro de Urizen, las prematuras epifanías de Stephen Dedalus que antes de un ciclo de mil años nada querrían decir..." ("La Biblioteca Total").

Vista de esta forma, podríamos postular una "Biblioteca Naturada", y apoyar esa postulación observando que los libros individuales *son* La Biblioteca, si bien son individuos relacionados con los otros por las sutiles modificaciones posicionales como las que ejemplifica Kurd Lasswitz en el texto citado en la Parte 2 (II 1). Estos desplazamientos de posición nos permitirían además intuir la materialidad de esos libros que aparecen como puramente lógicos.

Se puede recurrir a los aspectos de la física spinoziana expuestos, y considerar que La Biblioteca, en tanto extensión, se presenta como la *faz total del universo* dentro de la cual los "individuos" surgen a partir de las variaciones con repetición producidas por los desplazamientos de letras reglados por la lógica de La Biblioteca. Una secta de bibliotecarios sugirió para "escribir" algo con sentido en el medio de las "leguas de insensatas cacofonías", "barajar letras y símbolos, hasta construir, mediante un improbable don del azar" libros canónicos. Tarea tan vana como su opuesta: destruir los libros inútiles.

Esta inutilidad de la acción también muestra la nadería de los bibliotecarios, y de la intervención humana en la producción de las cosas. Spinoza sostiene que tanto lo que obramos como lo que padecemos ha sido causado por Dios (E3P1). Así, no debemos creer, como hace el sentido común, que sólo al padecer estamos siendo sometidos a las leyes naturales, mientras que al obrar logramos constituirnos en "un imperio dentro de otro imperio" (E3Praef.). La conducta humana no responde a una legalidad diferente de la natural (o divina). La diferencia entre obrar y padecer se relaciona exclusivamente con el conocimiento adecuado de las causas de aquellas modificaciones anímicas, no con la imposición de una legalidad propia de lo humano por fuera de Dios o la Naturaleza. En un ejemplo del paralelismo de los atributos, Spinoza muestra que, de la misma manera que el cuerpo no puede determinar al alma, a la inversa, el alma no puede determinar al cuerpo a modificarse (E3P2). El orden causal que determina el movimiento en el universo es el mismo para cualquier aspecto de este. O sea, lo que ocurre en un cuerpo, ocurre exactamente igual en la idea de éste, su alma, sin que ello implique un "cruce" entre ambos órdenes de la Naturaleza. No hay mandatos de la voluntad del alma por medio de los cuales sea posible mover un cuerpo. La observación respecto de que "nadie [...] ha determinado lo que puede hacer un cuerpo, es decir, a nadie ha enseñado la experiencia, hasta ahora, qué es lo que puede hacer el cuerpo en virtud de las solas leyes de su naturaleza, considerada como puramente corpórea" tiene implícita la afirmación de que el alma en nada lo determina a actuar.

En el escolio da un ejemplo de lo que comúnmente se consideraría una creación artística:

"Dirán que no es posible que de las solas leyes de la naturaleza, considerada como puramente corpórea, surjan las causas de los edificios, las pinturas y cosas de índole similar (que se producen sólo en virtud del arte humano), y que el cuerpo humano, si no estuviera determinado y orientado por el alma, no sería capaz de edificar un templo." (E3P2S).

Como ya anotamos, Borges, retomando a Huxley, apoyaría con el siguiente ejemplo:

"media docena de monos, provistos de máquinas de escribir, producirán en unas cuantas eternidades todos los libros que contiene el British Museum".

Situaciones de esta índole, como la construcción de un edificio, la realización de una obra pictórica, o la producción de todos los libros, podrían ser explicadas sin recurrir al concepto de "creación", el cual obligaría a "cruzar" causalmente determinaciones propias del pensamiento por sobre el ámbito de la extensión. La producción material de obras como las mencionadas es enteramente explicable recurriendo exclusivamente a los elementos de la ontológica spinoziana-borgeana indicados. En Spinoza, cuando pasamos de *Dios* a su atributo *Extensión*, modificado inmediata e infinitamente por el *movimiento y reposo*, y de modo infinito pero mediato dando lugar a la *faz de todo el universo*, llegamos a los modos finitos, los *cuerpos*. A este nivel, surge el importante problema de la individuación de los cuerpos, ya que la de Spinoza no es una física de átomos y vacío[1].

Como dijimos, en el sistema de la Sustancia sólo es posible hablar de cosas individuales en el sentido de agrupaciones sostenidas en su cohesión por una presión adecuada ejercida por los cuerpos circundantes, que sostiene su estructura. Al mismo tiempo, es necesario también el mantenimiento de una cantidad fija de movimiento y reposo en el interior de la cosa.

---

1. Que es un gran problema lo muestra el Escolio del Lema VII de la "digresión física" de *Ética* II: "toda la naturaleza es un solo individuo, cuyas partes -esto es, todos los cuerpos- varían de infinitas maneras, sin cambio alguno del individuo total."

En este contexto, puede decirse que aquella obra humana que llamamos "creación" sólo existe en nuestra imaginación, y es en verdad un hecho necesario que ocurre en el mundo, y que atribuimos inadecuadamente al acto de la voluntad de un individuo en lugar de entenderlo como la variación de la *ratio* entre movimiento y reposo que ocurre causalmente en el interior de una parte de la materia.

Por último, es necesario mencionar la nueva aparición en la *Ética*, esta vez en el Prefacio del libro IV, de una refutación de las causas finales, que refutaría, creemos, a su vez, la noción de creación tal como la sostiene nuestro sentido común heredado de la tradición judeo-cristiana. En nuestra comprensión del acto creativo hay dos momentos finalistas que son esenciales para el concepto analizado, pero que no existen en la realidad. Primero, la ya mencionada finalidad que se impone el agente creador antes de realizar su fin: el objeto creado. Pero una vez logrado este ilusorio objetivo surge en el creador una segunda ilusión finalista: la de la glorificación. Se espera que el mérito artístico de la obra cause en otro "individuo" un reconocimiento de la bondad o belleza del nuevo acto u objeto agregado al mundo. Sin embargo, no debemos esperar el reconocimiento de los otros ni el de Dios, a quien debemos amar, pero teniendo en cuenta que "ese amor no espera ser correspondido. Debemos querer a Dios, pero no debemos esperar que él nos quiera. Dios se quiere infinitamente a sí mismo y no tiene por qué querernos a nosotros, que somos atributos o modos muy parciales, casi *infinitesimales*, de la Divinidad. (1985)[2].

---

2. "El Quijote (me dijo Menard) fue ante todo un libro agradable; ahora es una ocasión de brindis patriótico, de soberbia gramatical, de obscenas ediciones de lujo. La gloria es una incomprensión y quizá la peor [...]. Pensar, analizar, inventar (me escribió también) no son actos anómalos, son la normal respiración de la inteligencia. Glorificar el ocasional cumplimiento de esa función, atesorar antiguos y ajenos pensamientos, recordar con incrédulo estupor que el *doctor universalis* pensó, es confesar nuestra languidez o nuestra barbarie. Todo hombre debe ser capaz de todas las ideas y entiendo que en el porvenir lo será." ("Pierre Menard, autor del Quijote")

Como señala Tatián en "Más allá del mérito"[3], "Ninguna acción humana es digna de recompensa, de igual manera que no lo es un árbol que da sus frutos" (p. 83). En esta "ética de la desapropiación", "mérito y demérito sólo son formas de la imaginación" (o de la ignorancia) (p. 84). Spinoza "nos revela sólo el carácter expresivo de una existencia sin para qué" (p. 88), ya que la perfección coincide con la realidad (E2Def6) y no es un fin a lograr.

En suma, el acto creativo, con las características esenciales que le atribuye el sentido común (voluntad y libre albedrío como condiciones, un objeto novedoso a producir como finalidad) es imposible en el marco de las filosofías de Spinoza y Borges. La creencia en la posibilidad de tal acto se origina en mecanismos de la imaginación. La razón, en cambio, nos muestra que si bien es cierto que, de alguna manera, podemos decir que en el universo hay nuevos objetos, estos no tienen por causa nada de lo que el sentido común les atribuye. La potencia naturante de Dios o La Biblioteca no deja lugar a nada distinto de sí mismo visto como naturaleza o "Biblioteca Naturada".

El hombre es una cosa entre las cosas. No hay una potencia análoga a la divina que nos permita producir nuevos objetos en el mundo. La potencia de la cosa individual se limita a manifestarse en una tendencia de la cosa a perseverar en su ser, el *conatus* (E3P6), como señala Borges reiteradamente en diversos lugares de su obra.

De todas formas, a la potencia productora divina o de La Biblioteca tampoco le conviene el predicado creativo ya que, como dijimos, el concepto de acto creativo conlleva necesariamente (a riesgo de estar hablando de otra cosa) una finalidad y una causalidad libre. Aquí coinciden las imposibilidades divina y humana: no crean. La creación es la introducción voluntaria de un objeto novedoso en el universo. Pero esta obra y su hacedor son individuos de una dudosa o peculiar individualidad. El objeto a que da lugar

---

3. También en *Spinoza y el amor del mundo*, pp. 77-88.

el acto creativo no es más que un "objeto modal", ya que sería precisamente nada más que una mera modificación en la *faz total del universo*, un cambio de lugar, un reacomodamiento en el interior de la sustancia universal, única. No hay creación, hay sólo reordenamientos, desplazamientos, permutaciones lógicas.

En el marco del sistema spinoziano de la sustancia única, y del sistema borgeano de la biblioteca total, no hay creación posible, del mismo modo que no hay aniquilación[4], solo *hay* la sustancia única, Dios o Naturaleza o Universo o Biblioteca. Dentro de esa infinita cárcel no es posible agregar novedad alguna. Desde el punto de vista divino, porque su omnipotencia y su perfección no necesitan nada más de lo que ya tiene, porque ya lo tiene todo. Desde el humano, porque la máxima potencia a la que podemos aspirar es a la de conocernos como una parte ínfima de la infinita cadena causal en la que estamos inmersos. Pero de ningún modo debemos creer que añadir nuevas realidades a un mundo que no las admite ni necesita está en nuestras manos. Tal vez "La Biblioteca de Babel" es una posible versión (¿literaria?) del sistema de la sustancia spinoziano, en la cual se muestra que todos los modos posibles de combinación entre los símbolos ortográficos *ya son* desde siempre, y que cualquier libro "extenso" ya estaba idealmente escrito sin mediación de agente creador alguno.

Es claro que no podemos crear los entes llamados "naturales", como los árboles. Según el cuento-ensayo borgeano, tampoco podríamos crear los "artificiales", cuyo máximo representante serían los libros. Y según la Carta 4 del borgeano Spinoza, tampoco hijos: "los hombres no se crean, sino que únicamente se engendran y sus cuerpos ya

---

4. "...si se aniquilara una parte de la materia, se desvanecería simultáneamente toda la extensión." (Carta 4). Nos recuerda al Borges que cuando deja de creer en Averroes, desparece junto con la casa, el surtidor, los libros, los manuscritos, las palomas, "las muchas esclavas de pelo negro y la trémula esclava de pelo rojo y Farach y Abulcásim y los rosales" (y tal vez el Guadalquivir) en un inesperado Big Crunch.

existían antes, aunque bajo otra forma." O, extremando la idea, según el poema "Al hijo" (*El otro, el mismo*) del spinoziano Borges: "No soy yo quien te engendra. Son los muertos". O (estirando más) *un* muerto: Dios, o sea La Biblioteca[5].

---

5. "El mundo -escribe David Hume- es tal vez el bosquejo rudimentario de algún dios infantil que lo abandonó a medio hacer, avergonzado de su ejecución deficiente; es obra de un dios subalterno, de quien los dioses superiores se burlan; es la confusa producción de una divinidad decrépita y jubilada, que ya se ha muerto." ("El idioma analítico de John Wilkins").En el contexto de la defensa de un Borges aristotélico, Jaime Rest (*El laberinto del universo. Borges y el pensamiento nominalista*, Ediciones Librerías Fausto, Buenos Aires, 1976) observa que el problema que planteaba "El Congreso", "en el que don Alejandro Glencoe concibe la instalación de una asamblea mundial que sea representativa de la humanidad en todos sus aspectos", es abandonado cuando "don Alejandro advierte que en el espacio y en el tiempo la realidad está constituida por hechos y actores individuales, no por arquetipos. Su congreso únicamente sería representativo si pudieran participar en él todos los hombres que han llegado a existir; es decir, sólo podría constituirlo satisfactoriamente el universo mismo".Sobre el final del relato, cuando los colaboradores de Glencoe se aprestan a dispersarse tras el fallido proyecto, se comprometen a guardar silencio sobre el mismo. Borges escribe que "cuando juramos no decir nada a nadie ya era la mañana del sábado". Rest destaca que "Esta mención del día, con su reminiscencia bíblica, nos advierte que el tratamiento naturalista de la historia, que transcurre en lugares típicos de Buenos Aires y en una propiedad rural del Uruguay, está al servicio de una alegoría: Dios, que en la presente circunstancia es hijo de un inmigrante rioplatense oriundo de Aberdeen, ha cumplido su tarea en el plazo de seis días y al completarla descubre que su creación está constituida de casos individuales concretos, no de conceptos generales abstractos." (pp. 157-158).Para otra versión nominalista de Borges, Cf. MATEOS, Zulma. *La filosofía en la obra de Jorge Luis Borges*. Biblos, Buenos Aires, 1998.

4ª Parte: OTRAS REPERCUSIONES ESTÉTICAS (LAS MISMAS)

Un intento (imposible) de dinamizar La Biblioteca

"Es dudoso que el mundo tenga sentido; es más dudoso aún que tenga doble y triple sentido" ("El espejo de los enigmas")

En la Parte 2, capítulo II, vimos que "La Biblioteca de Babel" presenta una tesis según la cual todo lo que es dable que exista, *ya existe*, disolviendo así la distinción entre acto (lo que *ya existe*) y potencia (lo que es dable que exista). Ese lugar en la forma espacio que es La Biblioteca contiene plenamente todos los libros. Podemos deducir de esa completitud que La Biblioteca (o sea, el Universo) está colmada absolutamente de ser. La creación queda, así, anulada. No hay novedades posibles (potenciales) que un agente (divino, humano, o de otra clase) pueda ejecutar, sumándole así al mundo un ente del cual antes carecía.

Esa plenitud ontológica tiene un fundamento lógico brindado por el análisis combinatorio: dado un número de elementos (por ejemplo, los símbolos ortográficos), podemos agruparlos obteniendo las variaciones con repetición que agotarán *todas* sus posibles combinaciones.

Una de las consecuencias de la mecánica de la Biblioteca es que cada suceso, cada evento, estará descripto lingüísticamente ("en todos los idiomas"). Aquello que sucederá mañana, aquella *historia* que aún no ha sucedido, paradójicamente, *ya es*, con tanta actualidad como los sucesos presentes, y tan irrevocable como los pasados. *Ya existe* en una combinación posible (que, a nuestro juicio, para la lógica borgeana es sinónimo de real, actual) de letras que la describen. Esta descripción del Universo es eminentemente estática y atemporal.

Creemos que Borges intenta con "El jardín de senderos que se bifurcan", el cuento inmediatamente posterior de la colección titulada con ese mismo nombre, realizar la posibilidad de dinamizar esa descripción. Así, podríamos rescribir la tesis de "La Biblioteca" en los términos de la cosmovisión que plantea "El jardín": Cada suceso que es dable que ocurra, está *ya* dado, ocurriendo, en todas sus posibles variantes, en cada uno de los infinitos mundos posibles (reales) que se realizan en cada bifurcación del tiempo.

En la Parte 3 vimos que la expresión "Deus sive natura" resume la doctrina spinoziana de que sólo hay una cosa en el mundo. El Creador y lo creado coinciden, lo cual significa que no hay propiamente un acto creador, ya que no hay algo, un "otro", a ser creado. La distinción *naturaleza naturante – naturaleza naturada* tiene un carácter meramente conceptual: se trata de la misma cosa vista desde la totalidad o desde sus "partes" (E1P29).

La expresión también adquiere un uso polémico en tanto busca oponerse a la distinción cartesiana entre *res cogitans* y *res extensa*, que escinde la realidad en dos ámbitos de problemática comunicación. El famoso *dictum* spinoziano "El orden y conexión de las ideas es el mismo que el orden y conexión de las cosas" (E2P7), supera la incomunicación que conlleva el dualismo sustancial cartesiano mediante el recurso de postular dos cadenas causales sin determinaciones recíprocas entre sí, pero que, en tanto rebajadas a ser atributos englobados en *una* sola sustancia (Dios, o sea, la naturaleza), serán, cada una a su manera, expresiones de esa sustancia única.

Trataremos de leer los cuentos "La Biblioteca de Babel" y "El jardín de senderos que se bifurcan" desde una lógica similar, ya que creemos que ambos relatos expresan una misma realidad, la cosmovisión borgeana, desde dos puntos de vista: uno estático y espacial, el otro (pretendida, ilusoriamente) dinámico y temporal.

El jardín de senderos que se bifurcan

Dejando a un lado la circunstancia histórica en la que Borges envuelve a los personajes humanos del cuento (una persecución entre espías durante la Primera Guerra Mundial), la descripción central de la novela, que es el "personaje" principal del cuento de Borges, se encuentra en el siguiente pasaje:

> "En todas las ficciones, cada vez que un hombre se enfrenta con diversas alternativas, opta por una y elimina las otras; en la del casi inextricable Ts'ui Pen, opta -simultáneamente- por todas. *Crea*, así, diversos porvenires, diversos tiempos, que también proliferan y se bifurcan."[1]

Borges destaca que el autor de (la novela) *El jardín de senderos que se bifurcan, crea* los diversos (los infinitos) tiempos, circunstancias y avatares que vivirán los protagonistas de la misma. Es claro que para un hacedor humano dicha tarea es imposible, ya que el "personaje" principal de la novela de Ts'ui Pen es el tiempo mismo, el cual preexiste a cualquier actividad humana, siendo su condición de posibilidad. Pero podríamos pensar en un hacedor divino, que cree un tiempo infinito que contenga a

---

[1] Un primer paralelismo en cuanto a la "inspiración": así como vimos que "La Biblioteca" tiene un claro antecedente en el cuento de Kurd Lasswitz, "La Biblioteca Universal", "El Jardín" lo tiene en la novela de Olaf Stapledon, *Star Maker*: "En un cosmos inconcebiblemente complejo, cada vez que las criaturas se enfrentaban con diversas alternativas, no elegían una sino todas, creando de este modo muchas historias universales del cosmos. Ya que en ese mundo había muchas criaturas y que cada una de ellas estaba continuamente ante muchas alternativas, las combinaciones de esos procesos eran innumerables y a cada instante ese universo se ramificaba infinitamente en otros universos, y estos en otros a su vez".

los infinitos tiempos que se bifurcan, que más propiamente serían entonces eventos, o sucesos, que se bifurcan, y que suponen (o requieren) actores a quienes les sucedan.

Sin embargo la tarea de *crear* esos mundos posibles también es imposible para un Dios. En el más famoso divulgador de esta noción, Leibniz, la actividad fundamental de Dios respecto de todos los mundos posibles es más *cognitiva* que *creativa*. Esos mundos son conocidos por Dios, que, luego de una rara deliberación moral, *elige* efectivizar el mejor de ellos: aquel donde la cantidad de mal sea la menor posible. Pero el uso borgeano de la noción de mundos posibles es absolutamente "hospitalario", ya que "opta -simultáneamente- por todas" las alternativas.

Surge aquí la pregunta por la identidad de aquellos individuos a los que les suceden las infinitas variedades de eventos lógicamente posibles. Creemos que la respuesta es la esbozada en "El inmortal" IV: la identidad personal se disuelve, ya que "en un plazo infinito, le ocurren a todo hombre todas las cosas." De esa premisa general, se deducen precisamente los sucesos de la "húmeda" vida de Stephen Albert y Ts'ui Pen (y de todos nosotros):

> "Me pareció que el húmedo jardín que rodeaba la casa estaba saturado hasta lo infinito de invisibles personas. Esas personas eran Albert y yo, secretos, atareados y multiformes en otras dimensiones de tiempo."

Desde el punto de vista lógico, no hay contradicciones en la novela (o en la realidad), porque, en última instancia, las cosas contradictorias (o las proposiciones que las describen) que podrían sucederle a los diferentes agentes o pacientes de los sucesos posibles del mundo, le suceden a un sujeto cuya identidad personal se ha debilitado notoriamente. Puede decirse que más que "actores éticos", libres para deliberar y elegir un rumbo definido de acción (lo que nos definirá como sujetos morales), somos "actores estéticos" (o inmorales), y podemos ser así, sin contradicción, hombres piadosos en una de las novelas que nos toca actuar, y hombres impiadosos en el siguiente (o simultáneo) guión que nos toque. (Estos actores inmorales parece que siempre obtendrán *una segunda oportunidad* para rectificar el rumbo de una mala acción, aunque en este contexto sea más propiamente *una simultánea oportunidad*, y, más rigurosamente, *infinitas simultáneas oportunidades*, lo cual anula la posibilidad de juzgar moralmente esa ramificada acción.)

Los roles que así jugamos nos asemejan a los elementos que entran en el juego combinatorio de las variaciones con repetición mencionadas en la lógica de La Biblioteca. No hay un sujeto-autor de esos roles o guiones. La plenitud, que ya está dada o "jugada" en la realidad a partir de las *variaciones* de sus elementos (las 22 letras por ejemplo, o los "atareados" sujetos humanos), reduce a todo supuesto artista, artesano o artífice a jugadores pasivos. Nada nuevo está donando o aportando a un mundo que ya está lleno, quien "suma" a los anaqueles de la biblioteca *total* la pobre artesanía de algunos de sus libros, con sus indiferentes combinaciones de letras. Combinaciones que (análogamente a las de los hombres y sus aventuras y roles intercambiables e intercambiados en *todas* las variaciones posibles, que los "anulan o afantasman" en los senderos del jardín) *ya son* a priori de su humana ejecución en palabras o actos[2].

Citamos un párrafo en el que Stephen Albert habla de Ts'ui Pen (o en el que Borges habla de sí mismo, no en vano la novela de Ts'ui Pen, el cuento de Borges, y el libro que recoge ese cuento, llevan el mismo nombre) destacando la intención filosófica de su novela:

---

2. Dejamos abierta la posibilidad de indagar en las posibles repercusiones "estéticas" que se siguen de la/s clave/s filosóficas propuestas, previa delimitación y justificación de un campo (borgeano) de hechos u objetos atravesados indiscerniblemente por valoraciones tanto éticas como estéticas, o sea, "hechos u objetos est-éticos".

"No creo que su ilustre antepasado jugara ociosamente a las variaciones. No juzgo verosímil que sacrificara trece años a la infinita ejecución de un experimento retórico. En su país, la novela es un género subalterno; en aquel tiempo era un género despreciable. Ts'ui Pen fue un novelista genial, pero también fue un hombre de letras que sin duda no se consideró un mero novelista. El testimonio de sus contemporáneos proclama -y harto lo confirma su vida- sus aficiones metafísicas, místicas. La controversia filosófica usurpa buena parte de su novela."

Borges señala que "la frase *varios porvenires (no a todos)* me sugirió la imagen de la bifurcación en el tiempo, no en el espacio." El lugar en que Borges expone, a nuestro juicio, la misma idea de plenitud, de totalidad, pero ya no bajo el aspecto de la temporalidad, sino el de la espacialidad es "La Biblioteca de Babel". Stephen Albert concluye que *"El jardín de senderos que se bifurcan* es una imagen incompleta, pero no falsa, del universo"... *Que otros llaman la Biblioteca*, se podría agregar para conectar con el texto central que, a nuestro juicio, muestra de forma *completa* la cosmovisión borgeana.

El jardín, o sea La Biblioteca

El tiempo ramificado en el cual tienen cabida *todos* los hechos posibles, de modo que deja de tener validez el principio fundamental de la lógica, el principio de no contradicción, ya que puede decirse que el hecho A es "contemporáneo" de no-A, ese tiempo, decíamos, tiene su análogo espacial en "La Biblioteca de Babel", el infinito ámbito que contiene los libros en los que todos esos hechos están descritos. Con Leibniz, para Borges en Dios está la totalidad de los mundos posibles. Contra Leibniz (y con Spinoza), esa plenitud no está en un Dios personal que "concibe" esos mundos y "elige", mediante un acto de su voluntad, el mejor de ellos. "Dios" es sólo un nombre, el nombre del conjunto de las cosas que son, serán y han sido. "Dios" *es* esa plenitud. Dios o el Universo o el Jardín o la Biblioteca... es la totalidad de las posibilidades que ofrece la realidad.

Señalamos que en "El jardín" había un supuesto (o requerimiento) que debe ser explicitado: si hablamos de hechos o eventos o sucesos, estos serán avatares que le suceden a alguien. La infinita variedad de las combinaciones eventuales deberían ocurrirle a una cosa (una persona por ejemplo) que se mantenga invariable (como una letra o un átomo) a través de los diferentes estados posibles de cosas que conformarán un mundo.

Si hablamos de los libros que "expresan" esos hechos en una especie de atributo paralelo (como lo son la extensión y el pensamiento para Spinoza)[1], deberemos partir también de ciertos átomos (las 22 letras, el espacio, la coma y el punto), las "premisas incontrovertibles" que nos permitirán

---

[1]. Lo podríamos llamar "el atributo escritura".

construir la descripción de todos los hechos posibles del mundo. En los anaqueles de la Biblioteca total todo *es*, bajo la especie de la eternidad, al mismo tiempo.

Si queremos ver la "película" de estos hechos eternos, dinamizarlos, es válida la postulación de un tiempo sucesivo, pero bifurcado en tiempos "divergentes, convergentes y paralelos", según los hechos que los "llenen". Acá debe distinguirse, creemos, entre un tiempo formal, universal, continente de todos los otros tiempos, y unos tiempos vistos desde los eventos que en él se suceden, y que llenan de contenido esa forma.

Pensamos que los diferentes senderos o tiempos que se superponen, divergen y convergen, formando la trama total de los mundos posibles, transcurren a través de un tiempo único y lineal que los contiene, y que no necesita de sucesos, eventos, de mundos, en definitiva, para existir. Esta postulación de un tiempo "objetivo", que puede prescindir de los contenidos que en él se suceden, creemos que es compatible con las ideas borgeanas de los cuentos que estamos exponiendo. Sin embargo, es más comprensible en el caso de "La Biblioteca de Babel", donde la escritura que expresa esos mundos posibles, recogida en los libros, nos permite "fijar" esos mundos en un relato, y ubicar todos los sucesos y conjuntos de sucesos posibles en un solo tiempo omni-comprensivo.

Es legítimo hablar de una "historia de la eternidad", ya que la eternidad no está fuera del tiempo. Es cierto que el relato de la historia de alguna determinada eternidad (una Idea platónica, por ejemplo) será bastante monótona. Una comparación: La historia de un objeto eterno es analogable a un filme constituido exclusivamente por una fotografía. La historia de la estática foto "durará" lo que dure la película. Así, podríamos estar una hora y media contemplando el objeto único historiado. Nada cambiará en ese lapso de tiempo, pero el tiempo no dejará de transcurrir aunque nada transcurra por él. En todo caso, no será el transcurrir del que nos habla nuestro platónico sentido común, un curso dinámico que inevitablemente corromperá a la cosa que dura, que sólo puede ser fijada en un Arquetipo incorruptible, pero ubicado en una dimensión extra-temporal[2]. El transcurrir que supone Borges, creemos, incluye la posibilidad de que lo eterno "dure". La intuición básica que debe ser tenida en cuenta para sostener esta temporalidad puede formularse como: *Todo lo que es, es en el tiempo. Nada hay fuera del tiempo. Lo eterno es lo que dura todo el tiempo*. En este marco, la expresión "historia de la eternidad" adquiere sentido.

Borges ha señalado en "La Biblioteca Total" el atomismo que subyace a la idea de la Biblioteca. En Babel, los átomos son las letras. En "El jardín", son los problemáticos sujetos humanos. La combinación de letras compone libros posibles. La de sujetos, compone sucesos, eventos o mundos posibles. Se puede objetar que el mundo natural "puro" (en el sentido de carente de sujetos humanos) también tiene variaciones posibles (en un sendero dos nubes chocan y truenan, en otro no se tocan, en otro llueven). Creemos que la presencia o ausencia de seres humanos no invalida la cosmología borgeana, como se muestra en "La Biblioteca

---

[2]. Tal vez se acerque al de "Heráclito de Éfeso, que ´comprendemos´ a través de Bergson" (en la reseña de *"Die vorsokratiker*, de Wilhelm Capelle" publicada el 29 de abril de 1938 en la Revista "El Hogar"). Aunque Bergson criticaría, con un argumento similar al de su refutación de las paradojas de Zenón, el símil con el cinematógrafo, en el cual vería otro caso de espacialización del tiempo, ya que los fotogramas no son más que cortes discretos que de algún modo falsean la duración real, siempre fluyente, en la que transcurre la vida. Sin embargo, creemos que esos infinitos instantes del proceso de la vida (o mejor, esos infinitos cambios que ocurren en ese tiempo no fragmentado que es la duración, en la cual transcurre la continua creación de novedades que procesa la vida) no escapan de la mirada omnisciente de Dios, por ejemplo del cristiano: "El universo requiere la eternidad. Los teólogos no ignoran que si la atención del Señor se desviara un sólo segundo de mi derecha mano que escribe, ésta recaería en la nada, como si la fulminara un fuego sin luz. Por eso afirman que la conservación de este mundo es una perpetua creación y que los verbos *conservar* y *crear*, tan enemistados aquí, son sinónimos en el Cielo." ("Los teólogos", en A).

de Babel", donde los únicos humanos mencionados son los bibliotecarios, empleados innecesarios en un ámbito regido por un "logos" autosuficiente: el sistema de la Biblioteca.

"El jardín" es, en este aspecto, menos completo que su paralela Biblioteca, ya que aspira a ejemplificar dinámicamente un sistema que ya fue expuesto en el cuento anterior en su aspecto lógico. "La Biblioteca de Babel" presenta un sistema lógico, con fisuras sin duda (la más crucial de las cuales es la paradoja de Cantor, que invalida la noción de conjunto de todos los conjuntos que parecería convenir a La Biblioteca), pero con pretensiones omniexplicativas. Podemos deducir de él, el Universo. El cuento "El jardín de senderos que se bifurcan", como su homónima novela, es de imposible ejecución para cualquier ser humano (sea real o potencial, sea Borges o Ts'ui Pen). Podemos solamente inducir a partir de él, la existencia real, actual, de los tímidamente llamados por la tradición filosófica "mundos posibles".

Retomando: ¿Cuál es el concepto de identidad personal que permite sustentar la atribución de existencia o inexistencia de un sujeto en un mundo posible? En "De alguien a nadie" Borges ha señalado que ser algo es renunciar a ser casi todo. En "El inmortal", que ser todo es renunciar a ser algo. Y ser todo implica ó dejar de ser (cosa que Borges denuncia como la falacia de magnificación a la nada), ó ser actor (pero no en sentido ético, sino estético-teatral, como hemos sugerido). "El jardín" muestra que cada átomo humano es intercambiable, combinable con otros, de modo que cada combinación constituirá un mundo posible.

¿Podemos tener conciencia de nuestra pertenencia a esos múltiples órdenes? "Es sabido que la identidad personal reside en la memoria y que la anulación de esa facultad comporta la idiotez" ("Historia de la eternidad" III). El reconocimiento de que ciertos hechos pasados son propios constituye la identidad. Aunque la memoria requiere olvido, ya que recordar demasiado podría anular la misma condición de agente protagonista de acciones personales[3]. Pero no recordar nuestra pertenencia a otro mundo (si bien esta no se daría en un pasado, sino en un "presente paralelo") parece ser un olvido demasiado importante como para no afantasmarnos. Ahora, si recordáramos todos nuestros avatares en los infinitos mundos posibles, la memoria de cada uno de nosotros sería la misma. Todos habríamos actuado al menos una vez cada rol posible ("postulado un plazo infinito, con infinitas circunstancias y cambios, lo imposible es no componer, siquiera una vez, la *Odisea*", "El inmortal" IV).

La salida a esta asfixiante hipótesis podría ser la muerte. Al dejar de actuar, dejo de sumar predicados y evito el peligro de la infinitud (concepto más corruptor que el "Mal, cuyo limitado imperio es la ética"). La muerte puede funcionar como principio de individuación. La vida, para tener sentido, requiere "desprenderse" del tiempo (o de la variedad, porque el tiempo es inseparable de todo lo que es). La perpetuación de la vida no tiene sentido, ya que no individualiza a un alguien capaz de admitir ciertos predicados y rechazar otros. En diversos lugares de la obra de Borges, dada la realización de un hecho capital (elogiable o vergonzoso, pero capaz de definir una vida, de individualizarla), debe seguirse la muerte.

---

3. Tal como le ocurre a Funes, el memorioso. Como señala Adriana González Navarro (2007), en "Memoria y creación en *Materia y memoria* de Henri Bergson", el primer efecto de esa particular memoria "es el de tener unas imágenes-recuerdos que no se encarnan en acciones". Funes en verdad parece ser una "máquina de percibir" (Nuño, o.c., p. 102, lo rebautiza como "Funes, el perceptivo"), tan tullida como la máquina de pensar de Lulio, pero también como esa "máquina de no percibir" de "Los inmortales" (en CBD) donde Guillermo Blake "le hace un hijito a una puestera para que éste contemple la realidad". En base a "las abstrusidades de ese griego, Platón, y a los más recientes tanteos de la medicina quirúrgica" razona que "los cinco sentidos del cuerpo humano obstruyen o deforman la captación de la realidad y que, si nos liberáramos de ellos, la veríamos como es, infinita". Así, "anestesiarlo para siempre, dejarlo ciego y sordomudo, emanciparlo del olfato y del gusto, fueron sus primeros cuidados".

Johannes Dalhmann ("El sur") se define como un valiente en el anteúltimo instante de su vida, antes de ser inevitablemente acuchillado por un desconocido en un duelo absurdo por unas migas de pan. Tadeo Isidoro Cruz, a quien "esperaba, secreta en el porvenir, una lúcida noche fundamental: la noche en que por fin vio su propia cara, la noche en que por fin escuchó su nombre.", podría haber terminado igual, ya que: "Bien entendida, esa noche agota su historia; mejor dicho [...] un acto de esa noche [...] Cualquier destino [...] consta en realidad de un sólo momento: el momento en que el hombre sabe para siempre quién es".

Hay que considerar que esa perpetuación de la que hablamos no es en un tiempo lineal único, sino una "perpetuación paralela", en otros tiempos lineales contemporáneos. Deberíamos, en rigor, morir (o no nacer) en todos esos otros tiempos menos en uno, y morir en ese único tiempo que nos corresponda. No parece posible... Tal vez el "átomo humano" es un mero nombre propio de cualquier conjunto de propiedades, como paralelamente en Babel "biblioteca" es "ubicuo y perdurable sistema de galerías hexagonales" o "pan" o "pirámide" o lo que sea. Una curiosa "etimología espacial", con harto previsibles transformaciones del sentido de las palabras a lo largo del espacio: todas significan todo[4].

Tras esbozar esta larga cadena de sinonimias prometida entre la esfera parmenídea, el Dios de Spinoza, La Biblioteca borgeana, el Universo, la Naturaleza (vista desde

---

4. No tan distinta de su versión temporal: "Escasas disciplinas habrá de mayor interés que la etimología; ello se debe a las imprevisibles transformaciones del sentido primitivo de las palabras, a lo largo del tiempo. Dadas tales transformaciones, que pueden lindar con lo paradójico, de nada o de muy poco nos servirá para la aclaración de un concepto el origen de una palabra. Saber que *cálculo*, en latín, quiere decir *piedrita* y que los pitagóricos las usaron antes de la invención de los números, no nos permite dominar los arcanos del álgebra; saber que *hipócrita* era actor, y *persona*, *máscara*, no es un instrumento valioso para el estudio de la ética." ("Sobre los clásicos", en OI)

sus dos orillas), y El jardín de tiempo, propondremos, a modo de conclusión (abierta), una última sinonimia de cuño personal.

Previamente ensayaremos una posible aplicación de estas confusiones metonímicas sobre el cuento "Tres versiones de Judas", donde ciertos procedimientos (tales como la metonimia, la contradicción, el humor, la ironía, la "confusión") son puestos al servicio de tematizaciones frecuentes en el sistema de los textos del autor, acerca de la *identidad personal*. Dicho tema insiste en las tramas borgeanas, donde suele ser enfocado desde cierta indiferenciación entre los personajes (los "otros" aparecen como "sí mismos", los "átomos" humanos o "mónadas borgeanas" son intercambiables), con una consecuente disolución de la personalidad individual o del sujeto (en términos filosóficos), o confusión de personajes (en términos mas literarios).

Per-versiones de Judas

El cuento "Tres versiones de Judas" (1944) se encuentra en la colección de relatos reunida en 1944 bajo el título *Artificios* (reunida a su vez ese mismo año con la colección de 1941 *El jardín de senderos que se bifurcan*, bajo el título *Ficciones*). Revisado en la edición en 1974, se trata del cuento número 13.

La narración resume los vaivenes de la obra del teólogo Nils Runeberg en cuanto a sus concepciones heterodoxas acerca de la figura de Judas Iscariote. Lejos de leer al apóstol como el traidor que entrega al hijo de Dios por 30 denarios, Runeberg postula otras descripciones posibles de Judas. Dichas variantes teóricas son señaladas por Borges como "versiones de Judas", y, siguiendo a Piero Ricci[1] las resumiremos como: i) la teoría de la imagen especular, ii) la teoría del exceso, iii) la teoría del héroe secreto.

Ya desde el título, las "Tres versiones de Judas" pueden presentirse (en el contexto de la colección *Ficciones*) como una "versión" a su vez del "Tema del traidor y del héroe". En dicho texto se narran las operaciones político-literarias que buscan presentar a un "mismo" nombre-hombre como un traidor a la vez que un héroe. Tal vez el título de aquellas "Dos versiones de Fergus Kilpatrick" podría asignarse especularmente a la historia que se comentará: el "Tema del héroe-traidor Judas Iscariote".

Aunque en un sentido más excesivo, el título podría hiperbolizarse hasta "Infinitas versiones de todos y cada uno de los sujetos reales y/o posibles del Universo", lo cual, bajo aquella premisa enunciada en "El inmortal" según la

---

1. RICCI, Piero, "The Fourth Version of Judas", en *Variaciones Borges* N° 1 (1996)

cual dado un tiempo infinito "le suceden a un hombre todas las cosas", convertiría a cada "otro" en "el mismo" (o en "Nadie"):

> "Nadie es alguien, un solo hombre inmortal es todos los hombres. Como Cornelio Agrippa, soy dios, soy héroe, soy filósofo, soy demonio y soy mundo, lo cual es una fatigosa manera de decir que no soy."

En este sentido se puede ver en Nils Runeberg una tímida versión de Ts'ui Pen, ya que sólo presenta una única trifurcación del jardín que recorre Judas. El teólogo, o "cristólogo" (en la "Posdata" de 1956 al "Prólogo" de 1944 Borges etiqueta su cuento como una "fantasía cristológica") que presenta las versiones del díscolo apóstol de Jesús se contenta con un número limitado de versiones de su personaje narrado[2], a diferencia de aquel, docto en la "interpretación infatigable de los libros canónicos", que no resigna ninguna permutación de caracteres asignados a cada uno de los nombres propios de que se vale un narrador para etiquetar a sus criaturas hasta hacer sentir que "[...] el húmedo jardín que rodeaba la casa estaba saturado hasta lo infinito de invisibles personas. Esas personas eran Albert y yo, secretos, atareados y multiformes en otras dimensiones de tiempo."[3]

Buscando líneas en los primeros y en los últimos ejercicios narrativos de Borges para el análisis que estamos ensayando, anotaremos que "Judas" (la palabra "Judas" o el personaje Judas) también podría integrar el conjunto de infames (tal vez como un *primus inter pares*) de la colección

---

2. Aunque en otro aporte a las confusiones metonímicas que podrían educirse del texto borgeano, podríamos sugerir que Nils Runeberg conmina con su rara obra a propiciar la aparición en el mundo de "dos, tres, muchos Judas". La primera versión de Judas cataliza "una vasta rebelión contra el yugo de Roma", así como la traición de Kilpatrick apresura la rebelión irlandesa.
3. Obviamente, la permutación de caracteres que agota toda combinación posible no es sólo aplicable a los *"characters"* en el sentido de *personajes* de una narración, sino también a los materiales "caracteres" que sustentan la "saturada" Biblioteca de Babel: 22 letras, punto, coma y espacio.

Historia Universal de la Infamia: "El redentor secreto Judas Iscariote"... Si no fuera que la historia es demasiado conocida:

> "[...] los hombres, a lo largo del tiempo, han repetido siempre dos historias: la de un bajel perdido que busca por los mares mediterráneos una isla querida, y la de un dios que se hace crucificar en el Gólgota." ("El Evangelio según Marcos", IB).

Aunque a la luz de las perversiones de Runeberg podamos tornarla demasiado des-conocida o mal-conocida (si tenemos en cuenta la -mala- suerte que corre el crucificado estudiante Baltasar Espinoza a partir de la lectura del texto bíblico que hace la familia Gutre en el cuento mencionado).

Hemos hacinado ejemplos tomados de los cuentos de Borges en las tres etapas en que podríamos dividir su obra: juventud (HUI), madurez (F y A), vejez (IB).

Cambiando de géneros, y sin perder de vista las alarmas borgeanas acerca de toda clasificación (la del género literario al que corresponde cada una de sus piezas sin ir mas lejos), puede cotejarse a Runeberg con el zoólogo Philip Henry Goose, que propuso "la olvidada y monstruosa tesis" de la creación divina de un mundo con huesos de dinosaurios "instalados" en la tierra, para poder compatibilizar la ciencia (que pide dinosaurios causales de esos huesos) con la religión (que pide creer en un relato bíblico que no los tematiza).

Observamos que la "olvidada y monstruosa tesis de Runeberg" es una "fantasía cristológica" recolectada en un libro de cuentos, mientras que la equivalente de Goose es un (raro) capítulo de la historia de la ciencia recogido en un libro de ensayos. La débil razón sería que el cristólogo

Runeberg, a diferencia del zoólogo Goose, parece no haber existido[4]. En contra de esa discriminación genérica, creemos que ambos son seres hechos de las mismas letras.

En suma, de la posibilidad de estas fusiones (o confusiones, o per-versiones) metonímicas a partir de las cuales parece posible en la obra borgeana intercambiar títulos de textos, nombres de personas o personajes, nombres de autores (como en "Pierre Menard, autor del Quijote"), puede leerse en dicha obra una perversión de la noción de la individualidad, ya sea aplicada a objetos (como libros) o sujetos humanos. Usando a veces procedimientos humorísticos para debilitar (o reforzar) la seriedad de graves hipótesis teológicas, el cuento, cuyo íncipit menciona entre las "versiones de Runeberg" una que nos permitiría encontrarlo entre el censo de heresiarcas a los que Dante destinaría un "sepulcro de fuego", cierra con Runeberg suponiendo y esperando un "infinito castigo […] por haber descubierto y divulgado el horrible nombre de Dios", para terminar muriendo por la vulgar rotura de un aneurisma. No de otra suerte, en "Los teólogos" (A), el heresiarca Euforbo condenado a la hoguera por sostener la circularidad del tiempo se despide del mundo ampulosamente advirtiendo que "Esto ha ocurrido y volverá a ocurrir […] No encendéis una pira, encendéis un laberinto de fuego. Si aquí se unieran todas las hogueras que he sido, no cabrían en la tierra y quedarían ciegos los ángeles. Esto lo dije muchas veces." Su discurso se interrumpe por razones "demasiado humanas" ya que, según cuenta el narrador, "Después gritó, porque lo alcanzaron las llamas."[5]

---

4. Permutando palabras y épocas en las que fueron enunciadas, un dinosaurio contemporáneo (¿otro héroe-traidor?) pronunció cruelmente, en el contexto de la busca de otros seres desaparecidos (por causas no tan naturales), el literario verso (el per-verso): "Si el ADN dice Pérez, yo quiero el hueso de Pérez".
5. Más aplomado, en "La escritura del dios" (A) el mago encerrado que descubre el verdadero nombre de Dios, que lo sacaría de la cárcel de piedra en que yace y lo vengaría de sus torturadores, decide que "Quien ha entrevisto el universo, quien ha entrevisto los ardientes designios del universo, no puede pensar en un hombre, en sus triviales dichas o desventuras, aunque ese hombre sea él. Ese

Similarmente a aquel que se ahoga en un vaso de agua, Borges toma ese vaso, pero lo usa para apagar los vastos incendios que narra.

---

hombre *ha sido él* y ahora no le importa. Qué le importa la suerte de aquel otro, qué le importa la nación de aquel otro, si él, *ahora es nadie*. Por eso no pronuncio la fórmula, por eso dejo que me olviden los días, acostado en la oscuridad." (Destacamos las vertiginosas "versiones" de ese hombre que en el lapso de dos frases pasa de i) ser él, a ii) haber sido él, o sea, ser otro, a iii) ser nadie.)

Conclusión: LA ESFERA DE BORGES

Un "platonismo de individuos"

"Si un hombre atravesara el Paraíso en un sueño, y le dieran una flor como prueba de que había estado allí, y si al despertar encontrara esa flor en su mano... ¿entonces, qué?" (Coleridge, citado en "La flor de Coleridge")

El ensayo de juventud "La nadería de la personalidad" (I) trata el problema de la identidad personal. Sin embargo, creemos que este tema es sólo una parte de la preocupación borgeana sobre la realidad en general, cuya concepción remite a la idea de *totalidad*, tal como es presentada eminentemente en "La Biblioteca de Babel". Ese "Dios que delira" lleva a nuestro autor a oscilar continuamente entre los conceptos de *todo*, *algo* y *nada*, cuya particular dialéctica borgeana está explícitamente tratada en el ensayo "De alguien a nadie".

El enfoque desde el cual "La nadería de la personalidad" (o tal vez, "De alguien a todo") trata el problema de la identidad personal intenta seguir las líneas generales de la filosofía empirista inglesa, cuya principal expresión es Hume. Es así que el ensayo está articulado en base a la reiteración de la tesis "No hay tal yo de conjunto". O sea, no es que no exista absolutamente el "yo". Borges no niega esa "certeza de ser una cosa aislada, individualizada y distinta que cada cual siente en las honduras de su alma... esa *conciencia de ser* [...] que alienta en nosotros". La nadería de la personalidad que sostiene no es psicológica, sino metafísica, temporal.

El texto comienza reiterando cuatro veces la tesis negativa "No hay tal yo de conjunto."

i) La primera vez lo hace para señalar que el yo es en verdad "algo", un *yo actual*, que no pasa de ser un agregado (psíquico): una suma de percepciones actuales más la ocasional autoconciencia de ser percibidor de las mismas[1].

ii) La segunda aclara que los recuerdos no le añaden tiempo pasado a esa actualidad: son incompletos (carecen de plenitud) y borrosos, y, en definitiva, también son actuales, no garantizan la posesión del pasado, son imágenes, imaginaciones siempre presentes.

iii) En la tercera reiteración retoma un argumento de Schopenhauer, al sostener que esas percepciones y estados de ánimo que constituyen al *yo actual* son comunes a todos los "yoes". Así, ese algo que somos no nos individualiza, sino que más bien nos disuelve. Somos la parte ínfima de un todo. Esa sería nuestra nadería. Curiosamente, esa "nada" engendra nuestra capacidad de "ser todo", como lo ilustra con whitmanianos ejemplos ("Soy filósofo, dios, héroe, demonio y el universo entero"). Aquí, Borges parece anticipar una conclusión panteísta en un texto dedicado a sostener una "nadería"[2].

---

1. En términos husserlianos, esas percepciones, dado el carácter intencional de la conciencia, se dirigen hacia algo percibido. Y dado el carácter constitutivo de trascendencias de esa conciencia, diversos puntos de vista (escorzos) van constituyendo un objeto (el nóema) a través de los diversos actos de percepción (noesis). Ahora, al sujeto borgeano, representado por Funes, no sin algo de razón, le alcanza con *un* escorzo (incomunicado, durísimo, como veremos) para petrificar un objeto. Del lado noemático, un solo objeto. Del lado noético, un solo sujeto: Funes, a quien podríamos seguir rebautizando esta vez como "Funes el no aperceptivo", acotando husserlianamente la propuesta de Nuño. El sujeto Funes no anticipa la percepción de otras caras del objeto, ya que cada percepción actual está tan llena de ser y de sentido, que no necesita ser completada con una presentación impletiva.Otro nombre posible de Funes: "Dios", único ego existente que en tanto contemplador realiza las noesis desde el punto cero que instaura su cuerpo propio, con centro en cualquier parte y límite en ninguna, constituyendo un único noema: lo único que existe, Él mismo.

2. Sartre (*La trascendencia del ego*) critica a Husserl no haber sido consecuente con la noción de intencionalidad al recurrir a un Yo trascendental como garantía de la unidad e individualidad de la conciencia. Para Sartre, en la conciencia no hay nada, por ejemplo *no hay tal Yo constitutivo de objetos*, que individualice la conciencia. Más bien es a través de las objetividades del mundo que ésta logra unificarse. Así, "El campo trascendental, purificado de toda estructura

(iv) En la cuarta reiteración de la tesis "No hay tal yo de conjunto" Borges cuenta una conmovedora experiencia "personal" (al modo de "Sentirse en muerte"), en la cual, al despedirse de un amigo en patria extranjera, a quien intuye que ya no volverá a ver, y sentir el deseo de "dejarle su alma", le surgió intuitivamente la esencial nadería de nuestra personalidad.)

v) Luego de reflexionar sobre las consecuencias psicologistas en la historia de la literatura que se derivan de la creencia en la realidad del yo, Borges retoma la tesis filosófica por quinta vez, ahora reformulada como "El yo no existe". Y es aquí, cuando quiere precisar el sentido de esa frase, donde explicita la que a nuestro juicio podría presentarse como otra tesis basal de la filosofía borgeana, que profundiza aquella que reza que "basta que una cosa sea posible para que exista":

"La realidad no ha menester que la apuntalen otras realidades."

---

egológica, recobra su limpidez primera. En un sentido es una *nada* puesto que todos los objetos físicos, psicofísicos y psíquicos, todas las verdades, todos los valores, están fuera de él, puesto que mi Yo (Moi) ha cesado de formar parte de él. Pero esa nada es *todo*, puesto que es *conciencia* de todos esos objetos." (Conclusión número 1).(Antes había ejemplificado que "Cuando corro para tomar un tranvía [...], no hay Yo. Hay conciencia *de tranvía-debiendo-ser-alcanzado*". El texto sartreano de 1934 nos recuerda al borgeano de 1940: "No hay sustantivos en la conjetural *Ursprache* de Tlön [...]: hay verbos impersonales, calificados por sufijos (o prefijos) monosilábicos de valor adverbial. Por ejemplo: no hay palabra que corresponda a la palabra *luna*, pero hay un verbo que sería en español *lunecer* o *lunar*. *Surgió la luna sobre el río* se dice [...]: hacia arriba (*upward*) detrás duradero-fluir luneció.")Dejamos para otro momento la investigación acerca del "sujeto" que conviene a este "objeto" gigante del que parece ocuparse la filosofía borgeana. Aunque queda sugerido que podría ser alguna variante no muy lejana del perceptivo Funes. (Por ejemplo: "sólo" hay infinitas cosas individuales, modos de una sustancia única, y ese dios local y cimarrón de Fray Bentos recuerda todas las que percibió (y percibe todo lo que es perceptible). Nuestro ubicuo Dios percibe con la misma minuciosidad de Funes, sólo que (diríamos russellianamente) el número de las infinitas cosas que Él percibe es infinitamente mayor que el número de las infinitas cosas que percibe Funes.)

Da tres ejemplos: uno poético ("No hay en los árboles divinidades ocultas)", uno filosófico general ("ni una inagarrable cosa en sí detrás de las apariencias)", y finalmente otro filosófico con el tema *visible* del presente ensayo ("ni un yo mitológico que ordena nuestras acciones").

El sentido en que entendemos esta tesis "fundamental" es el siguiente: Creemos que Borges no pretende negar la existencia de, por ejemplo, divinidades ocultas en los árboles. Si bien aquí no las afirma explícitamente, hay textos en los que sí podrían encontrar su lugar (como *El libro de los seres imaginarios*). Creemos que para Borges *hay* árboles, tanto como *hay* divinidades ocultas en los árboles. Lo que *no hay*, "detrás" de la quinta reiteración de la tesis de este ensayo, es una relación de soporte, fundamentación, basamento, o "apuntalamiento" entre ellas. Las relaciones de las que puede participar una cosa "individual" se refieren exclusivamente a la *totalidad* de lo real, no a dichas cosas entre sí, que son monádicas, atómicas. Creemos que esta concepción de lo individual puede encontrarse en el que vemos como el texto fundamental de Borges, "La Biblioteca de Babel". Allí, los libros individuales no se fundamentan unos a otros, ni guardan relación alguna entre sí, sino que la única relación que las fundamenta es la que sostienen con el Sistema Total de La Biblioteca que los genera. Por eso decimos que este ensayo excede el tema de la personalidad, y que es un temprano modo de sugerir la concepción más general que tiene Borges acerca de la realidad como Totalidad, tema que aparece continuamente en su obra y tiene su momento culminante en "La Biblioteca Total".

Una hipótesis a investigar podría ser: Existen las Formas platónicas, existen también los individuos. Pero no existe la relación de fundamentación entre ellos, los individuos no son menos que las Formas.

Claro que esto no es ni siquiera una objeción a la filosofía platónica, al modo de las que ya le formulara Aristóteles por ejemplo. Lo que estamos esbozando es simplemente otra cosa que platonismo. O quizá es un platonismo donde las Formas son individuos, y no Arquetipos, donde entre los géneros y la cosa concreta no hay la inexplicable relación de participación, sino una incomunicación total entre sí, y, en todo caso, hay la comunidad en cuanto al hecho de ser.

Aquí es donde creemos ver a Spinoza como un precursor de Borges[3]. Hay una solitaria cosa en la Realidad. Los Nombres con que se la designa hoy, para nosotros, son Dios, Todo, Mundo, Universo... Para otros lenguajes, puede ser Esfera o Biblioteca o Pan o Pirámide. Pero se llame como se llame, esa cosa es Una. La alteridad es imposible, la novedad también. Al interior de esa única Cosa, aparecen los individuos, como modificaciones internas. Si fuera posible ver esa Unidad desde afuera, esa esfera parmenídea, no se observaría movimiento alguno.

A grandes rasgos: el famoso *dictum* "No hay hechos, hay interpretaciones" sirve para resumir que en la ontología nietzscheana la tradición dualista platónico-kantiana queda mutilada por el lado de su "pata" nouménica, arrastrando tras de su caída al mundo aparente. Creemos que la ontología borgeana recupera el neblinoso mundo de las Ideas

---

3. La ontología que estamos proponiendo tal vez convenga a una de las más recientes respuestas a la pregunta "¿qué es la filosofía?": la de Deleuze y Guattari (*¿Qué es la filosofía?*), quienes conservando la vieja idea de la filosofía como conocimiento por medio de conceptos, proponen que estos no son un producto del descubrimiento sino más bien de la creación. Y no de una creación desde un lugar de trascendencia respecto de lo conocido conceptualmente, sino desde un plano de inmanencia respecto de la vida que conceptualizan: "Hay religión cada vez que hay trascendencia, Ser vertical, Estado imperial en el cielo o en la tierra, y hay Filosofía cada vez que hay inmanencia" (I 2). (Y, en este sentido, Spinoza "es el príncipe de los filósofos. Tal vez el único que no pactó con la trascendencia, que le dio caza por doquier".) Además, estos conceptos no se caracterizan por su abstracta generalidad, sino que son, como la naturaleza de la que surgen, singulares: "Toda creación es singular, y el concepto como creación propiamente filosófica siempre constituye una singularidad" (Introducción).De este modo, se podría también ver "desde la otra orilla" lo sostenido a lo largo de este trabajo: a lo mejor la creación no es una acción imposible, sólo es algo que aún no ha ocurrido, que no ha comenzado: "¿Quieres ver lo que no vieron ojos humanos? Mira la luna. ¿Quieres oír lo que los oídos no oyeron? Oye el grito del pájaro. ¿Quieres tocar lo que no tocaron las manos? Toca la tierra. Verdaderamente digo que Dios está por crear el mundo" ("Los teólogos").

platónicas o de la cosa en sí kantiana que Nietzsche acusa de ser mera "fábula", pretendiendo rebajar así su carácter real. Borges avanzaría hacia una ontología no selectiva extrema, en la cual podemos decir que todos son hechos, también las interpretaciones. Hay hechos modulados[4].

En la ontología de Borges hay una especie de "platonismo de individuos", con Arquetipos e individuos, pero donde el status ontológico es indiferente. O mejor, no existe (o no importa) la distinción entre Arquetipo e individuo. Creemos que se trata de una totalidad tan absoluta, que anula cualquier tipo de jerarquización, no sólo ontológica, sino incluso ética y estética.

Dados los átomos anímicos y el mecanismo de su combinación, todas las posibles interacciones entre ellos son actuales o reales en alguna de las infinitas bifurcaciones del jardín de tiempo: "Esa trama de tiempos que se aproximan, se bifurcan, se cortan o que secularmente se ignoran, abarca *todas* las posibilidades."

Paralelamente, *todas* las posibles combinaciones entre los 25 símbolos ortográficos pueblan ese espacio virtual que es "La Biblioteca". Como *todo* es ontológicamente acto, y lógicamente producto de los mismos átomos y reglas de combinación, tampoco es posible establecer criterios de clasificación (más que la Clase Universal o Todo o *Aleph* o *Libro de Arena*...) ya que intentar emparentar cualquier región de entes mediante algún rasgo común es un absurdo (¿qué diferencia específica puede haber entre la vida del "apasionado y lúcido" Schopenhauer y la "historia" de una piedra, cuando ambas no son más que las mismas letras combinadas en distinto orden?).

---

4. Por ejemplo: "¡Tú también, hijo mío!" pronunciado por un horrorizado Julio César, es modulado "diecinueve siglos después, en el Sur de la provincia de Buenos Aires" por un gaucho agredido por un ahijado suyo con un manso y tranquilo "¡Pero, che!" ("La trama", en *El hacedor*).

Retomando las hipótesis éticamente riesgosas, se podría pensar que no hay familiaridades humanas, y que la cristiana expresión "somos todos hijos de Dios" confirma la lógica de la Biblioteca. El mecanismo generador de hombres no genera ninguna norma específica de agrupación filial. Es más que atendible lo que le ocurre a los Yahoos, a quienes "La frase Padre nuestro los perturbaba, ya que carecen del concepto de la paternidad. No comprenden que un acto ejecutado hace nueve meses pueda guardar alguna relación con el nacimiento de un niño; no admiten una causa tan lejana y tan inverosímil."[5]

Pero en realidad no hay generación, sólo objetos eternos, ya que no hay creación (ni destrucción[6]) posible: cada cosa que pretenda individualizarse, existe desde siempre y para siempre, en su versión espacial, literaria, en algún anaquel de "La Biblioteca de Babel" ; en su versión dinámica en algún sendero de "El jardín".

> "Ts'ui Pen diría una vez: *Me retiro a escribir un libro.* Y otra: *Me retiro a construir un laberinto.* Todos imaginaron dos obras; nadie pensó que libro y laberinto eran un solo objeto."

Aunque claro que "La Biblioteca" expone con rigor lógico el orden del Universo, mientras "El jardín" aspira a la imposibilidad de contar la historia de aquella eternidad "perfectamente inmóvil" que es la Biblioteca, dotándola de movimiento y acción.

---

5. "El informe de Brodie" (en IB).
6. Para una defensa de la imposibilidad de la destrucción en el marco del sistema de la sustancia spinoziana, ver COHEN, Diana. *El suicidio: deseo imposible. O la paradoja de la muerte voluntaria en Baruj Spinoza*. Ediciones del Signo, Buenos Aires, 2003.

Un átomo desmesurado

En "Avatares de la tortuga" Borges observa que no hacen falta dos individuos para determinar un género:

> "Postulemos dos individuos, a y b, que integran el género c. Tendremos entonces
> $a + b = c$
> Pero también, según Aristóteles:
> $a + b + c = d$
> $a + b + c + d = e$
> $a + b + c + d + e = f\ldots$
> En rigor no se requieren dos individuos: bastan el individuo y el género para determinar el tercer hombre que denuncia Aristóteles. Zenón de Elea recurre a la infinita regresión contra el movimiento y el número; su refutador, contra las formas universales."

(Per)siguiendo el razonamiento borgeano, un individuo y un género, ¿no son, *en rigor*, dos individuos?

> "En *Parménides* -cuyo carácter zenoniano es irrecusable- Platón discurre un argumento muy parecido para demostrar que el uno es realmente muchos. Si el uno existe, participa del ser; por consiguiente, hay dos partes en él, que son el ser y el uno, pero cada una de esas partes es una y es, de modo que encierran también otras dos: infinitamente."

(En este sentido, es notable cuál es la "frase casual" que motiva el ensayo sobre "El pudor de la historia", OI. La tesis del texto es: "La historia es pudorosa. Sus fechas esenciales pueden ser durante largo tiempo secretas." La razón por la cual solemos creer, como Goethe, que ciertos hechos contemporáneos a nosotros son capitales en la serie de hechos que forman la historia del mundo, mientras omitimos otros que tambíen se desarrollan ante nuestros ojos, es el hábito: "los ojos sólo ven los que están habituados a ver". La frase casual a la que nos referimos es "He brought a second actor" ("Trajo a un segundo actor"). Quien lo trajo fue Esquilo. Borges llama "misteriosa" y "maravillosa" a la acción de añadir un compañero al hasta ese momento habitualmente solitario *hipócrita*. Víctor Hugo la llama "escandalosa". Pero Borges conjetura que los testigos atenienses de esa novedad, pudorosamente, habrán sentido a lo sumo "un principio de asombro". Y el autor de la misma, Esquilo, pudorosamente, habrá presentado, de un modo imperfecto, lo que para Borges es central: "lo significativo de aquel pasaje del uno al dos, de la unidad a la pluralidad". Y agrega: "y así a lo infinito".)

Retomando: tras consignar razonamientos análogos de Russell y Chuang Tzu ("la unidad cósmica y la declaración de esa unidad ya son dos cosas: esas dos y la declaración de su dualidad ya son tres…"), refiere la exposición que realiza James de la solución que da Hermann Lotze a "esa multiplicación de quimeras": "en el mundo hay un solo objeto: una infinita y absoluta sustancia equiparable al Dios de Spinoza. Las causas transitivas se reducen a causas inmanentes; los hechos, a manifestaciones o modos de la sustancia cósmica." Y análogamente, menciona la variante de F. H. Bradley contra la causalidad cuando infiere que admitir que "una relación está relacionada con sus términos" es "admitir la existencia de otras dos relaciones, y luego de otras dos". La solución es transformar "todos los conceptos en objetos incomunicados, durísimos"[1].

Estas derivas de las paradojas de Zenón parecen concluir en una ontología en la cual las cosas particulares son "teofanías, revelaciones o apariciones de lo divino" detrás de las cuales está "Dios", no como creador, no como soporte, sino como la unidad de esa "pluralidad" producida a partir

---

1. "…esas cosas incompatibles que sólo por razón de coexistir llevan el nombre de universo" ("There are more things", en LA).

de aquella. Por ejemplo, para Coleridge, Shakespeare ya no es un hombre, sino una variación literaria del infinito Dios de Spinoza:

> "La persona Shakespeare fue una natura naturata, un efecto, pero lo universal, que está potencialmente en lo particular, le fue revelado, no como abstraído de la observación de una pluralidad de casos, sino como la sustancia capaz de infinitas modificaciones, de las que su existencia personal era sólo una." ("De alguien a nadie")

Toda cosa es variación de cualquier otra (de una galera puedo llegar a un conejo, de un mono a un hombre). Pero no hay creación, ni siquiera evolución. No hay magos. Hay variaciones *lógicas*:

> "Infinitas cosas hay en la tierra; cualquiera puede equipararse a cualquiera. Equiparar estrellas con hojas no es menos arbitrario que equipararlas con peces o con pájaros." ("La busca de Averroes").

Los individuos borgeanos no se reúnen a partir de lo igual (que los haría partícipes de un género), sino que se hallan "aproximados" por mecanismos de variación combinatoria donde no hay posibilidad de establecer jerarquías entre ellos.

En el raro platonismo (que imaginamos) que sostiene Borges no habría lugar para copias degradadas respecto de un original, o, sin el matiz degradé, de copias sin más. Cada cosa es ontológicamente única y no agrupable en familias (de textos, de personas…). Cada cosa es únicamente en referencia al sistema de combinaciones lógicas que la explica (que ni siquiera la *crea*). Una relectura de *Don Quijote* no guarda una relación más íntima con *Don Quijote* que con el diario de ayer o que con una escalera.

Ahora, decimos que esto es platonismo porque estas cosas individuales que podrían parecer fugaces como las meras impresiones del empirismo clásico, no lo son. Estas cosas individuales tienen la misma solidez ontológica que el propio Sistema que las explica. Son eternas, indestructibles, están guardadas en la memoria divina. Las sectas higiénicas de bibliotecarios son perfectamente inútiles. Y no por la inocente razón que Borges esgrime: que no sirve tirar libros, ya que todos poseen "facsímiles imperfectos". En verdad, no hay cosa que sea imperfecta, ya que esa calificación implicaría compararla con un modelo original "perfecto"[2]. Los higienistas son inútiles en razón de que la destrucción es tan imposible como la creación.

Retomando el intento de evitar la multiplicación de quimeras, pensamos en aquel pasaje de Plotino (*Enéadas* V) que aparece con diversas entonaciones en "El otro Whitman" (D), "Historia de la eternidad" I y "El acercamiento a Almotásim":

> "Toda cosa en el cielo inteligible también es cielo, y allí la tierra es cielo, como también lo son los animales, las plantas, los varones y el mar. Tienen por espectáculo el de un mundo que no ha sido engendrado. Cada cual se mira en los otros. No hay cosa en ese reino que no sea diáfana. Nada es impenetrable, nada es opaco y la luz encuentra la luz. Todos están en todas partes, y todo es todo. Cada cosa es todas las cosas. El sol es todas las estrellas, y cada estrella es todas las estrellas y el sol."

---

2. Vale también para la (platónica) aversión a los espejos: los espejos son abominables, acechantes, inquietantes, porque duplican innecesariamente la realidad, falseándola, degradándola. Sin embargo, Borges no debería inquietarse (ni ver acechado su particular platonismo), ya que así como los "facsímiles imperfectos" son en verdad perfectos según las leyes de la Biblioteca, las duplicaciones especulares no son versiones de segundo orden respecto de alguna realidad eminente. Cada cosa individual es única e irrepetible (i-reflejable por ejemplo). Se corrige el joven Borges: "Quiero asimismo recordar el problema que Gustav Spiller enunció [...] sobre la realidad relativa de un cuarto en la objetividad, en la imaginación y duplicado en un espejo y que resuelve, justamente opinando que son reales los tres y que abarcan ocularmente igual trozo de espacio." ("El *Ulises* de Joyce", en I).

En "La doctrina de los ciclos", Borges formula la "horrible" doctrina del eterno retorno del siguiente modo:

> "El número de todos los átomos que componen el mundo es, aunque desmesurado, finito, y sólo capaz como tal de un número finito (aunque desmesurado también) de permutaciones. En un tiempo infinito, el número de las permutaciones posibles debe ser alcanzado, y el universo tiene que repetirse. De nuevo nacerás de un vientre, de nuevo crecerá tu esqueleto, de nuevo arribará esta misma página a tus manos iguales, de nuevo cursarás todas las horas hasta la de tu muerte increíble."

Borges sostiene que aún sin salir del atomismo es posible subsanar esa idea horrible postulando otra desmesura: la de un número infinito de átomos.

Creemos que (aún sin salir del atomismo) se puede educir a partir de la filosofía borgeana otra solución, si aceptamos que hay tanta desmesura en el exceso como en el defecto, en un número infinito o vastísimo como en el número uno (aplicado a "la totalidad de los átomos que componen el universo") o en el cero (aplicado al "número de las permutaciones posibles").

Así, este nuevo avatar atomista (tan nuevo como el poema de Parménides) diría que: *El número de átomos que componen el mundo es* desmesuradamente *finito: uno. De este modo, las permutaciones son también* desmesuradas: ninguna. *Las mutaciones no son posibles. No hay otro con quien o con que intercambiar. No es posible el movimiento.*

Ahora, a modo de conclusión abierta, dos preguntas finales:

Y si este átomo desmesurado, esta solitaria esfera, la Biblioteca borgeana o el Dios spinoziano (y aún los plurales e individuales Arquetipos platónicos) fueran tan objetos de la percepción sensible como el perro de las tres y catorce mirado de perfil, ¿entonces, qué?

Y si cada fugaz elemento de la rapsodia empirista de imágenes, de cada recorte infinitesimal de la realidad, tuviera la solidez eterna de una Idea platónica, entonces, repetimos, ¿qué?

Bibliografía

BORGES, Jorge L.
Ensayos:
Inquisiciones, Alianza, Madrid, 1998
Discusión, Emecé, Buenos Aires, 1961
Historia de la eternidad, Alianza, Madrid, 1998
Otras inquisiciones, Alianza, Buenos Aires, 1998
Cuentos:
Historia universal de la infamia, Alianza, Buenos Aires, 1998
Ficciones, Alianza, Buenos Aires, 1998
El Aleph, Alianza, Buenos Aires, 1998
El informe de Brodie, Alianza, Madrid, 1998
El libro de arena, Alianza, Madrid, 1998
La memoria de Shakespeare, Alianza, Madrid, 1998
Poemas:
El otro, el mismo, Emecé, Buenos Aires, 1996
Elogio de la sombra, Emecé, Buenos Aires, 1996
La rosa profunda, Emecé, Buenos Aires, 1975
La moneda de hierro, Emecé, Buenos Aires, 1976
Conferencias:
Conferencias de Jorge Luis Borges, IICCAI, Buenos Aires, 1967
Borges en la Escuela Freudiana de Buenos Aires, Agalma, Buenos Aires, 1993
"Baruch Spinoza", en *Clarín*, Buenos Aires, 27 de octubre de 1988
Otros:
El libro de los seres imaginarios, Bruguera, Barcelona, 1980
Textos Cautivos, Tusquets, Buenos Aires, 1986
Borges en Sur, Emecé, Buenos Aires, 1999
Borges en El Hogar (1935-1958), Emecé, Buenos Aires, 2000
En coautoría:
BORGES, Jorge L. – BIOY CASARES, Adolfo, *Crónicas de Bustos Domecq*, Losada, Buenos Aires, 1963

BORGES, Jorge L. – DI GIOVANNI, Norman T. *Autobiografía 1899 – 1970*. El Ateneo, Buenos Aires, 1999, traducción de Marcial Souto y N. T. di Giovanni.
BORGES, Jorge L. – FERRARI, Osvaldo. *En diálogo*, Sudamericana, Buenos Aires, 1988
Sobre Borges:
Filosófica:
GUTIÉRREZ, Edgardo. *Borges y los senderos de la filosofía*, Altamira, Buenos Aires, 2001
NUÑO, Juan. *La filosofía de Borges*, FCE, México, 1986
REST, Jaime. *El laberinto del universo. Borges y el pensamiento nominalista*, Ediciones Librerías Fausto, Buenos Aires, 1976
Científica:
AA.VV. *Borges y la ciencia*, Eudeba, Buenos Aires, 2004
MARTÍNEZ, Guillermo. *Borges y la matemática*, Eudeba, Buenos Aires, 2003
SALPETER, Claudio. "La matemática Biblioteca de Babel", en www.temakel.com/artborgesbabel.htm
Literaria:
BARRENECHEA, Ana María. *La expresión de la irrealidad en la obra de Jorge Luis Borges, y otros ensayos*, Ediciones del Cifrado, Buenos Aires, 2003
MOLLOY, Silvia. *Las letras de Borges*. Sudamericana, Buenos Aires, 1979
SARLO, Beatriz. *Borges, un escritor en las orillas*, Ariel, Buenos Aires, 1995
GIORDANO, Alberto. "Borges y la ética del lector inocente (Sobre los *Nueve ensayos dantescos*)", en *Variaciones Borges* N° 4 (1997)
LORENTZ CHAVES, Eliana, "Desejo masculino de maternidade", en *Cadernos de Psicanálise* / Sociedade de Psicanálise da Cidade do Rio de Janeiro. 16:19, 181-196
RICCI, Piero, "The Fourth Version of Judas", en *Variaciones Borges* N° 1 (1996)

SPINOZA, Baruch.

Ética demostrada según el orden geométrico, Orbis, Madrid, 1983, traducción de Vidal Peña
Correspondencia, Alianza, Madrid, 1988, traducción de Atilano Domínguez
HAMPSHIRE, Stuart. *Spinoza*, Alianza, Madrid, 1982, traducción de Vidal Peña
MISRAHI, Robert. *Spinoza*, Edaf, Madrid, 1975
DELEUZE, *Spinoza y el problema de la expresión*, Atajos, Barcelona, 1996, traducción de Horst Vogel
ALMEIDA, Iván. "Borges en clave de Spinoza", en Variaciones Borges N° 9 (2000)
TATIAN, Diego. *Spinoza y el amor del mundo*, Altamira, Buenos Aires, 2004

BENJAMIN, Walter, "La obra de arte en la época de su reproductibilidad técnica", en *Discursos interrumpidos I*, Taurus, Madrid, 1973, traducción de Jesús Aguirre
DELEUZE, Gilles – GUATTARI, Félix. *¿Qué es la filosofía?*, Anagrama, Barcelona, 1993, traducción de Thomas Kauf
SARTRE, Jean Paul. *La trascendencia del ego*, Calden, Buenos Aires, 1968, traducción de Oscar Masotta
GONZALEZ NAVARRO, Adriana (2007). "Memoria y creación en *Materia y memoria* de Henri Bergson", en www.javeriana.edu.co/biblos/tesis/filosofia/tesis01.pdf
LASSWITZ, Kurd. "La biblioteca universal", en *Traumkristalle*

Anexo 1

Anexo 1: Los Aquiles y las tortugas en las ficciones borgeanas: una tipología de la búsqueda

1ª Parte de *Borges en clave de Elea*:   **Movimiento** (imposible)
+
voluntad humana
=
2ª Parte (I) de *Borges en clave de Elea*:   **Acción** (imposible): **buscar**

--------3 *momentos de la acción*--------

voluntario	dinámico	finalista	tipo de acción
x	x	o	1 a
x	x / o	?	1 b
x	o	?	1 c
o			2
x	x	x	3

1) sujeto busca objeto (variante de sentido común, dinámica pero, en Borges, crepuscular)

a) Aquiles sin la tortuga: Falla el momento finalista: se buscan "libros que son escaleras".
"Pierre Menard"   (parodiado en: "Homenaje a César Paladión")
"La busca de Averroes"

b) Aquiles muere en la víspera: Falla el momento dinámico: el sujeto renuncia voluntariamente a dar el último paso o su busca "*se*" detiene en el paso inmediatamente anterior al que le hubiera permitido alcanzar lo que buscaba.
"El acercamiento a Almotásim"   (y "Kafka y sus precursores")
"La escritura del Dios"   (y "El espejo y la máscara")

c) Luz, cámara… inacción: Falla (por exceso) el momento voluntarista (arrastrando al momento dinámico): se exacerba el momento voluntarista al querer llegar al 3er momento sin pasar por el 2º.

"El milagro secreto"   (y "La supersticiosa ética del lector")
"Las ruinas circulares"   (parodiado en: "Guayaquil")

2) objeto "busca"/encuentra sujeto (variante especular)

Aquiles no busca, encuentra
(o es encontrado):   Falla (por defecto) el momento voluntarista (arrastrando a todo el esquema de la acción): el objeto "busca" al sujeto

"Funes el memorioso"   (parodiado en: "Una tarde con Ramón Bonavena")

"El Zahir"
"El Aleph"   (y "La memoria de Shakespeare" - "Tigres azules" - "El libro de arena")

3) Y sin embargo, cuando/donde hay acción (busca/encuentro), cuando la acción se concreta… la paradoja la detiene de nuevo: se realizan todos los momentos del esquema, pero Borges "patea el tablero"

"La muerte y la brújula"   (y la paradoja en el espacio)
"La Lotería en Babilonia"   (y la paradoja en el tiempo)

Anexo 2

<u>Anexo 2: Sujeto – Acción – Tortuga</u>

1ª Parte de *Borges en clave de Elea*:   **Movimiento** (imposible)
+
voluntad humana
=
2ª Parte (I) de *Borges en clave de Elea*:**Acción** (imposible): **buscar**

1) sujeto busca objeto (variante de sentido común, dinámica pero, en Borges, crepuscular)

a) Aquiles sin la tortuga (objeto/objetivo imposible):

"Pierre Menard"
<u>Aquiles-Borges:</u> Menard-Borges
<u>Acción:</u>   crear (en el modo de la copia)
<u>Tortuga:</u>   un libro-escalera: *Quijote (Menard)*[1]

"La busca de Averroes"
<u>Aquiles-Borges:</u> Averroes
<u>Acción:</u>   crear (en el modo de la traducción)
<u>Tortuga:</u>   *Poética* (Aristóteles)

<u>Aquiles-Borges:</u> Borges
<u>Acción:</u>   crear [(in)comunicado...]
<u>Tortuga:</u>   "La busca de Averroes" (Borges)

b) Aquiles muere en la víspera:

"El acercamiento a Almotásim"
<u>Aquiles-Borges:</u> un estudiante
<u>Acción:</u>   buscar
<u>Tortuga:</u>   Almotásim-Dios-sí mismo...

---
[1] Imposible en tanto facsímil del *Quijote (Cervantes)*, pero posible-real en tanto objeto-individuo incomunicado-durísimo.

"La escritura del dios"
<u>Aquiles-Borges:</u> un sacerdote
<u>Acción:</u>   buscar (des-cifrar / des-cubrir)
<u>Tortuga:</u>   *La escritura* (Dios)

"El espejo y la máscara"
<u>Aquiles-Borges:</u> el rey/el poeta
<u>Acción:</u>   crear
<u>Tortuga:</u>   un poema (poeta)

c) Luz, cámara… inacción:

"El milagro secreto"
<u>Aquiles-Borges:</u> Hladík
<u>Acción:</u>   crear un libro posible (que no es escalera):
<u>Tortuga:</u>   *Los enemigos (Hladík)*

"Las ruinas circulares"
<u>Aquiles-Borges:</u> un mago
<u>Acción:</u>   pro-crear un hijo
<u>Tortuga:</u>   un hijo (padre)

2) objeto "busca"/encuentra sujeto (variante especular, aproximándose a Babel): Aquiles no busca, encuentra (un objeto dado, donado, encontrado, no buscado) o es encontrado

"Funes el memorioso"
Aquiles-Borges: Funes
Tortuga: la memoria continua, infinita, de infinitos objetos-escorzos (modales, la natura naturata, el "platonismo de individuos")

"El Zahir"
Aquiles-Borges: Borges
Tortuga: la memoria continua, infinita, de un objeto individual
[*intermezzo*]

("La memoria de Shakespeare"
Aquiles-Borges: Thorpe-Soergel
Tortuga: la memoria de Shakespeare)

"El Aleph"
Aquiles-Borges: Borges
Tortuga: la memoria continua, infinita de un objeto total: la natura naturante, un átomo "mesurado"

("El libro de arena"
Tortuga: *el libro de arena* (o las *Obras completas de Babel*))

3) Y sin embargo cuando/donde hay acción (busca/encuentro de un (objeto/objetivo posible)...
("La muerte y la brújula"
Aquiles-Borges: Lönrrot-Scharlach
Acción: buscar, encontrar y matar
Tortuga: Scharlach-Lönrrot)
...empiezan los 4 Metacuentos (*incipit* Babel):

Metacuento 1: "La Lotería en Babilonia"

2ª Parte (I) de *Borges en clave de Elea*: acción de **buscar**
+
objeto novedoso
=
2ª Parte (II) de *Borges en clave de Elea*: acción de **crear**
Metacuento 2: "La Biblioteca de Babel", o sea la *Ética* [faz total (final) de universo]:
3ª Parte de *Borges en clave de Elea*

4ª Parte de *Borges en clave de Elea*:
Metacuento 3: "El jardín de senderos que se bifurcan", o sea, "la filmoteca de Babel"

Y sin embargo...
Metacuento 4: "Tlön, Uqbar, Orbis Tertius" es la solución al problema de Aquiles.

Y sin embargo...
el sofisma de las 9 monedas nos devuelve a la Tierra.
Borges idealista resuelve Zenón. Borges materialista resuelve sofisma...
Pero si hay infinitos atributos, ¿no se salva la circularidad?